Z 17538

Paris
1717

Gayot de Pitaval [Depitaval], François

Recueil des énigmes les plus curieuses de ce temps...

2 1611

17538

Z. 16n

Bonnart le fils del. A. Herisset Sculp.

Oedipe nous figure un Excellent esprit
Qui surmonte un ecüeil où tout autre perit.

RECUEIL
DES
ENIGMES
LES PLUS CURIEUSES
DE CE TEMPS.

Dédié à MADAME,
DUCHESSE DE BERRY,
FILLE DE FRANCE.

A PARIS,
Chez NICOLAS LEGRAS, grande Salle
du Palais, à l'L couronnée.

M. DCC XVII.
AVEC PRIVILEGE DU ROY.

A MADAME
MADAME,
DUCHESSE DE BERRY,
FILLE DE FRANCE.

UN ouvrage couvert des voiles de la nuit,

Peut-il se présenter aux yeux d'une Princesse,

Qui par divers appas, & l'éclat qui la suit,

Pourroit être du jour la charmante Déesse ?

Mais ne voions-nous pas des nuages épais,

Qui viennent s'exposer au Dieu de la lumiere ?

* ã ij

EPITRE.

Il les perce, il paroît armé de nouveaux traits,

D'une égale vigueur il poursuit sa carriere :

Ma Muse trouve encor un rapport plus heureux

Dans l'auguste Régent, l'Auteur de ta naissance,

Les delices du peuple, & l'espoir de la France :

Des affaires d'Etat le cahos tenebreux

Ne vient-il pas s'offrir à son intelligence ?

Sa penetration & son activité

Va dissiper bientôt l'affreuse obscurité,

Qui cachoit la justice à son esprit immense.

Toi dans qui nous voyons les pretieux tresors

Dont le Ciel enrichit & ton ame & ton corps :

Souffre donc que l'Enigme aille te faire hommage.

Ah! déja ton esprit éclaire le nuage.

GAYOT DE PITAVAL.

AVER,

AVERTISSEMENT.

J'Ai eu bien de la peine à résister à l'envie de faire sur l'Enigme une ample Dissertation, où j'aurois étalé une érudition d'emprunt, si la mienne m'avoit manqué dans le besoin. J'aurois débité des conjectures sur l'origine de ce genre d'ouvrage dont le nom est dérivé du Grec : & comme le pays des conjectures est fort vaste, je me serois donné carriere tant que j'aurois voulu ; j'aurois montré l'antiquité de l'Enigme qui a paru dans les Siecles les plus reculés, où les Souverains quittoient leurs Etats pour se défier les uns les autres à deviner leurs Descriptions Enigmatiques. Je n'aurois pas oublié l'Enigme que Samson donna à deviner aux Philistins dans un grand repas. J'aurois observé que l'usage des Anciens estoit de proposer des Enigmes dans leurs festins : j'aurois fait voir que les Paraboles de Salomon, les Propheties de l'ancienne Loi, les Paraboles que la Verité éternelle expose dans l'Evangile & l'Apocalipse, sont de véritables Enigmes. J'aurois descendu jusqu'à la Fable qui a son rapport avec l'Histoire, j'aurois parlé de l'Enigme du Sphinx. Afin qu'on ne me reprochât pas de n'avoir d'autre talent que des yeux & de la memoire, j'aurois fait des recherches, inventé des syſtêmes ; & parce que des paſſages Grecs impoſent, j'en aurois paré ma Preface ; car qui doute que le Grec ne ſoit un ornement d'une Diſſertation ? J'aurois épouſé l'Enigme, je l'aurois élevée dans l'excès de ma paſſion audeſſus de tous les autres ouvrages d'eſprit. Pourquoi n'aurois-je pas payé à la prévention, le tribut qu'elle exige de ceux qui traitent quelque ſujet à fond ? Un Auteur célebre fait un Traité de la Deviſe ; ne dit-il pas qu'elle eſt le chef-d'œuvre de l'eſprit ? Je parie que le premier Auteur qui fera un Traité ſur l'Anagramme, dira que c'eſt le plus grand effort de l'imagination, quoiqu'elle n'en ſoit qu'une foible production. Je ne m'en ſerois pas tenu là, ſi j'avois trouvé dans mon chemin quelqu'un d'un ſentiment contraire au mien, je l'aurois refuté en faiſant ſuppléer, s'il eût eſté neceſſaire, la force de mes injures à la foibleſſe de mes raiſons ; afin de me conformer à l'uſage autoriſé par l'exemple de plus d'un Savant. Tout bien conſideré, j'ai crû devoir épargner cet étalage d'érudition dans un Diſcours qui étant trop étendu auroit plûtôt réuſſi à ennuier qu'à

AVERTISSEMENT. v

inſtruire. Je manque l'occaſion d'acquerir à peu de frais le titre de Savant ; parce que j'ai renoncé aux vanitez du monde. Mais, me dira un Cenſeur, vous éludez une obligation que vous avez contractée en donnant au Public un Recueil d'Enigmes, vous lui devez une Diſſertation dans les formes ſur ce genre d'ouvrage ; & en vous contentant d'effleurer cette matiere, vous payez vôtre dette bien cavalierement, j'en conviens : mais c'eſt du moins entrer en payement ; & c'eſt un grand effort dans un tems auſſi difficile que celui-ci.

J'ai une autre dette à payer dont je m'acquitterai mieux ; je dois rendre compte de ce Recueil, je n'ai garde de décliner ſur cet article, la juriſdiction du Public. Que mes Juges s'aſſeyent dans le Tribunal, me voilà debout devant eux ; je leur dirai d'abord que l'Abbé Cotin, celui-là même que Deſpreaux pretend avoir illuſtré dans ſes Satyres, & François Colletet fils du Poete Claude Colletet, donnerent chacun preſque en même tems un Recueil d'Enigmes. Dans ces Recueils il faut franchir cent buiſſons avant que de rencontrer une roſe ; à peine ai-je trouvé dans l'ouvrage de Colletet deux ou trois Enigmes qui puiſſent paroître ; & encore ſans vouloir faire un reproche à la memoire de cet Auteur, leur ai-je donné bien des coups de lime.

On a vû plusieurs éditions de l'ouvrage de l'Abbé Cotin, sous le Titre de *Recueil des Enigmes de ce Tems*. Quand j'ai voulu mettre ce Livre à profit, j'ai commencé par faire main-basse sur un grand nombre d'Enigmes. On appelle cela s'executer soi-même: j'ai retouché celles que j'ai conservées; il y en a plusieurs que j'ai refondues entierement, parce que l'expression en estoit trop embarassée; j'ai taché d'ouvrir par tout un passage à cette raison épurée qui doit guider un Auteur dans un ouvrage d'esprit. J'ai retranché des licences dans les Vers, j'ai respecté des expressions de l'ancienne Poésie que nos Poetes semblent éviter à present comme des écueils, quoiqu'elles caractérisent parfaitement le Vers en le distinguant de la Prose.

J'ai bien un autre grief contre quelques-uns de nos Poetes, il faut me soulager, je souffrirois trop de me contraindre; ils s'éloignent de cette belle nature que nos grands Poetes nous representent en alliant la simplicité, avec la noblesse de l'expression: eux au contraire nous donnent des Poésies guindées & alambiquées. C'est en vain que Moliere a fait tous ses efforts pour proscrire le langage précieux, nous le

AVERTISSEMENT. vij

voyons refugié dans des Poesies nouvelles, où il enleve les suffrages à la honte de nôtre Siecle ; je reviens à mon sujet.

J'ai usé du Recueil de l'Abbé Cotin comme de mon propre bien, j'ai cru avoir autant de droit que cet Auteur sur ces Enigmes ; puisqu'elles ne sont pas de lui, & qu'il les avoit questées dans les cabinets de plusieurs Poetes. Comme je me suis proposé le dessein de donner un Recueil d'Enigmes qui pût plaire, je me suis imaginé que le Public les examinoit avec moi, dès qu'il m'a semblé que mes Juges se ridoient le front, & fronçoient le sourcil ; j'ai sacrifié les pensées, les expressions qui leur donnoient une phisionomie sombre. Quoique j'aye fait bien des changemens, j'ai cru que je devois laisser dans deux ou trois endroits un entrelassement irrégulier de rimes masculines ou féminines qui se joignent, bien qu'elles soient differentes ; j'ai encore respecté cet ancien usage de nôtre Poesie, que neanmoins je me garderois bien d'imiter.

Depuis que Despréaux dans sa Satyre à Moliere a condamné ces expressions *Nompareil*, *à nul autre seconde*, qui passent pour des chevilles dans le Vers ; je les ai retranchées presque par tout, & ne les ai laissées que dans deux ou trois endroits où

ã iiij

elles m'ont paru avoir leur place naturelle. Après tout, l'autorité de Despréaux quelque celebre qu'elle soit, ne peut pas abolir entierement des expressions Françoises consacrées par Malherbe & par Racan.

Afin de récompenser le Public des Enigmes que j'ai supprimées, je les ai remplacées par plus de cent cinquante que j'ai recueillies dans les cabinets de mes Amis; j'ai jugé qu'elles avoient le merite que l'on demande dans ce genre d'ouvrage. Ainsi à tout prendre, ce livre peut bien porter le titre de Nouveau Recueil.

Je m'attends bien que quelque Censeur dira qu'il y a des Enigmes dans cet ouvrage qui sont trop claires, parce qu'il en devinera d'abord le sens : Mais si ce critique a tant de pénétration, doit-il m'en faire un crime ? Il aura le plaisir de voir que cette Enigme qu'il a d'abord comprise, arrêtera d'autres esprits. Ainsi en lui épargnant un plaisir, je lui en procure un autre qui vaut beaucoup mieux, je m'en rapporte à son amour propre.

Me voilà bien avancé dans ma Preface, & je n'ai pas encore parlé du caractere de l'Enigme & de ses regles ; j'adopte la définition qu'on a donnée de cet ouvrage, lorsqu'on a dit que c'estoit un discours qui obscurcissoit une chose connue: je voudrois

AVERTISSEMENT.

qu'on ajoutât seulement que la Poésie doit estre affectée à l'Enigme. Elle est hermaphrodite, car elle a les deux genres masculin & féminin : le masculin estoit autrefois le plus usité, à present c'est le féminin ; cette bizarrerie de l'usage donneroit lieu de faire une jolie Enigme sur l'Enigme même.

La Métaphore, l'Allegorie, l'Antithese sont ses figures ordinaires ; elle anime des estres inanimés, elle parle magnifiquement d'un petit sujet : mais l'Antithese sur tout est sa figure favorite. La pointe à laquelle Despreaux ne donne azile que dans l'Epigramme, trouve encore mieux sa place dans l'Enigme, parce qu'elle peut cacher agréablement le sens de l'Enigme : en donnant le change par son sens équivoque, elle redouble tout à la fois la peine & le plaisir : j'exigerois pourtant qu'on usât sobrement de la pointe, depeur de faire revivre un jeu d'esprit que la délicatesse de nôtre bon goût ne reçoit qu'avec chagrin.

Je ne ferai point ici le petit législateur, je veux laisser fort à l'aise un Auteur d'Enigmes ; ainsi je ne lui défendrai point à l'exemple d'un Auteur moderne, de faire des Enigmes sur des privations d'estre, comme sur la mort, les ténebres. Pourquoi non ? puisqu'on peut faire là dessus

AVERTISSEMENT.

des Enigmes fort ingénieuses. Je me contenterai de dire que l'on ne doit point choisir pour objet d'une Enigme, les vérités de la Religion ; elles sont trop graves pour entrer dans un amusement d'esprit ; d'ailleurs qui pourroit souffrir qu'on répandît de nouvelles ténèbres sur celles dont la foi enveloppe nos mysteres.

Je ne puis encore me dispenser de faire quelques observations sur l'Enigme, la verité en doit estre l'ame, malgré l'hiperbole & l'équivoque qui semblent s'y opposer, quoique ces figures dans le fond puissent subsister avec elle : car à l'égard de l'hyperbole elle ne donne point le change ; on n'est point en usage de la prendre à la lettre. Quant à l'équivoque, si elle presente un sens faux, elle en presente aussi un vrai que l'on peut recevoir.

Il semble qu'un Auteur d'Enigmes s'éloigne de la justesse de l'expression, parce que s'il mettoit en œuvre les termes les plus naturels, on saisiroit d'abord le sens de l'Enigme ; il est donc obligé de se servir d'expressions détournées : mais il doit éviter de donner à cet égard dans un excès ridicule ; il doit marcher avec une grande précaution dans des routes qui n'étant point battues peuvent l'égarer aisément.

AVERTISSEMENT.

Il doit auſſi prendre garde que ſous prétexte de cacher le ſujet de l'Enigme, il ne devienne ſi obſcur, qu'il le ſoit encore après l'explication. En un mot, voila la regle qu'il faut ſuivre ; il faut que toute l'obſcurité répandue dans l'Enigme s'évanouiſſe dès que le ſujet eſt expliqué.

Une belle Enigme doit eſtre faite avec tant d'art qu'elle plaiſe, quoiqu'on n'en ſache pas le ſens, ſemblable à ces tableaux excellens qui frappent quoique l'on en ignore le ſujet; il arrive ſouvent que lorſque l'Enigme ſe dévoile à nos yeux, on vient à la mépriſer.

Tel eſt le caractere de l'homme, à peine jouit-il de l'objet de ſes déſirs, qu'il n'en eſt plus flaté : malgré ce dégoût ſi naturel, je pourois citer des Enigmes ſi ingénieuſes, que lorſqu'elles ceſſent d'eſtre Enigmes, elles ſont toujours en poſſeſſion de plaire.

Une Enigme ne doit convenir qu'à un ſujet ; ainſi celle que le celebre Pontan propoſa ſur le trou, péchoit par le défaut contraire à cette regle.

Dic mihi quid majus fiat à quo plurima demas.

Un de ſes amis lui répondit:

Pontano demas carmina, major erit.

On lui faiſoit entendre ſpirituellement

qu'il estoit mauvais Poete. On a employé une semblable pensée dans une devise qu'on a faite sur un diamant que l'on polit; ces paroles sont l'ame de la devise *addo dum detraho*. J'observerai sur la pensée de Pontan, qu'elle a été volée par celui qui compara la grandeur d'un Roi d'Espagne à celle d'un fossé qui devient grand par la quantité des terres qu'on lui ôte.

Je ne dois pas finir cet Avertissement sans m'efforcer de défendre l'Enigme du mépris de plusieurs personnes qui la regardent en pitié du haut de leur esprit. On leur raportera telle Enigme, qu'ils seront obligés d'admirer; s'ils en trouvent d'autres qui ne méritent pas leur estime, il ne faut pas condamner l'ouvrage: mais il faut condamner l'ouvrier.

J'ai tâché de n'inserer dans ce Recueil que des Enigmes qui eussent de veritables agrémens; s'il y en a quelques-unes qui ne frappent pas des lecteurs difficiles, ils feront réflexion que c'est le sort ordinaire d'un Recueil de ces sortes d'ouvrages; en récompense ils y en rencontreront d'excellentes, & plusieurs beaux Vers répandus en divers endrois.

Je dois encore dire pour l'Apologie de l'Enigme, que puisqu'elle a l'art d'amuser agréablement, & qu'elle est susceptible

AVERTISSEMENT. xiij

des plus beaux ornemens de la Poésie, elle doit trouver sa place parmi les productions d'esprit, dès que nous lui donnerons ce rang, elle entrera dans le paralelle des modernes avec les anciens qui seront obligés de leur ceder en ce genre d'ouvrages. Voici donc un nouveau renfort de troupes qui viennent au secours des modernes, & qui entreront en lice avec la savante Amazone qui est à la tête des Partisans des Anciens.

TABLE

Alphabetique des Enigmes contenues en ce Recueil.

A

L'Abeille,	8
L'Academie Françoise mere des Academies d'Arles & de Soissons,	130
L'Aiguille,	4
L'Alleluia,	195
L'Almanach,	111, 200
L'Ambre & la paille,	37
L'Anagramme,	181
L'An, les mois, les jours, les heures,	89
L'Araignée & sa toile,	25
L'Arbre,	215
L'Arc-en-ciel,	10, 38
L'Argent,	142
L'Asne,	154

B

Le Baiser,	57
Le Balay,	57
Les Balles de paume,	85, 95
Le Balon,	133
La Barbe,	139
La Basse de Viole,	196

TABLE.

Le Bâton de Marechal de France,	141
La Beauté,	32, 77
La Bierre,	175
Le Billard,	193
Le Bled,	2
La Bombe,	180
Le Bonnet,	158
Le Bouchon de bouteille,	162
Le Bouquet,	32
La Bouteille & le Vin,	13
La Bouteille que les enfans font avec du savon,	87, 133
Le Bouton,	203
Le Breviaire,	186
La Buche,	188

C

Le Cadran solaire,	42
Les Calebasses,	184
La Calotte,	123
Le Cannevas,	169
Le Carosse,	52
La Carte Geographique,	122
Les Cartes,	79, 102, 127, 191
La Cendre,	192
Le Cerceau,	188
La Chaise de commodité,	201
La Chandelle,	173
La Chanterelle,	220
Le Chanvre,	49

TABLE.

Le Chapeau,	61
Le Chapon,	137
La Chauvesouris,	113
La Chaux,	18
La Cheminée,	76
La Chemise,	74, 78, 141, 189
Les Chenets,	16, 192
La Chevelure,	69
Les Cheveux,	41, 51, 99
La Chimere,	136
La Cigale,	34
Le Ciron,	22
Le Clavessin,	126
La Clef,	92, 166
La Cloche,	106, 116, 212, 216
Le Cœur,	73, 143, 206
Le Confessional,	140
Le Collier de perles,	39
Le Coq,	89, 91
Le Coq du clocher,	178
Le Corail,	24
Le Corbillon d'oublies,	189, 199
Un Cousin,	182
Le Curedent,	200

D

Le Diamant,	129
Le Discours,	21

E

L'Eau de vie,	156
L'Echo,	40, 88, 204

TABLE.

L'Eclair,	102
L'Ecran,	14
L'Ecreviſſe,	149
L'Ecriture,	13, 37, 128
Les quatre Elemens,	208
L'Encens,	78
L'Enigme,	50, 53, 116, 135
L'Enſeigne,	214
L'Epée,	44, 115, 211
Les Eperons,	60, 157
L'Epingle,	58
Un Epy de bled,	152
Les Eſchets,	205
L'Eſperance,	171
L'Eſprit,	63, 120
L'Eſtomach,	217
L'Etincelle de feu,	80
L'Eventail,	212

F

Le Fard,	19
La Femme,	158
Le Fer & l'épée,	44
Le Feu,	42, 46
Un Feu conſiſtant en chenets, tenailles, pêle & pincette,	166
La Fievre,	86
La Fin,	217
Le Flux & reflux,	150, 198

TABLE.

La Fontaine, 64
Le Four, 167
Le Foureau d'épée, 176
Le Fuseau, 135, 210
La Fusée, 122

G

Les Gands, 110
La Glace, 194
La Gorge ou le sein, 162
Le Grain de Bled, 72
La Grenade, 106

H

L'Hameçon, 511
La Herse, 75
L'Homme à cheval, 150
L'Horloge, 144, 160
L'Horloge de sable, 93

I

La Jarretiere, 196
Le Je ne sçay quoy, 218
Le Jeu de cartes, 180
Le Jeu de paume, 178
Le Jeu de quilles, 183
L'Imprimerie, 146
Un Instrument de musique dont le bois est la matiere, 91
Le Jour, 107
Le Jour & la nuit, 28

TABLE.

L

Le Lacet,	36, 38
La Langue,	12, 70
La Lanterne,	147
La Lanterne magique,	197
Les Larmes,	21, 65
Le Lavement,	182
Les Lettres de l'Alphabet,	90
Les Lettres moulées,	95
Les Lettres des mots, *trois, quinze, trente-sept, & tout,*	139
Le Limaçon,	201
Le Lit,	104
Le Livre,	93
Le Louis d'or,	45
La Lune,	30
Le Lys,	20

M

La Mâle,	37
Les Manchettes,	168
Les Marons,	134
Le Marteau,	45
Le Masque,	54, 222
La Mêche d'une chandelle,	68
Le Melon,	214, 220
Le Meusnier,	181
La Mine,	2
Le Miroir,	29, 55, 82
Le *Miserere*,	181
La Mode,	119

TABLE.

La fauſſe Monnoie,	138
La Montre,	4, 100
La Mort,	66, 80
Le Mot du Guet,	162
La Mouche d'une Dame,	97
Le Moucheron,	34
Les Moucherons,	37
Les Mouchettes,	74
Le Moulin à vent,	67
Le Mulet,	174

N

La Lettre N,	119
Le Navire,	23, 41
La Neige,	76
Le Nez,	59, 126
Les Notes de la Muſique,	209
La Nuée,	27, 101
La Nuit,	28, 211

O

L'Oeil de verre,	183
L'Oeuf,	9, 138
L'Oignon,	33
L'Ombre,	27, 36, 100, 105, 153, 210, 224
L'Ombre & le jour,	71
L'Ongle,	61
Les Ongles,	207
L'Or,	39, 103, 125
L'Oreille,	69
L'Orgue,	28

TABLE.

P

Un Pain de sucre,	131
Le Paon,	43
Le Papier,	5, 47, 151
Le Papillon,	49
La Parole,	51, 193
Les Paroles d'un Discours,	146
Les Pastilles,	10, 17, 38
Le Pâté,	68
Le Peigne,	62
Le Peigne de corne,	90
La Pelote de neige,	184
Le Pepin,	201, 222
La Perle,	3, 97, 107, 223
La Perruque,	148
Le Pet,	55, 81
Le Phenix,	186
La Pie,	155
La Pillule,	157
La Pipe,	199, 228
La Plante du pied,	160
La Plume,	77, 121
La Poésie,	95
La Porte de pierre & la porte de bois,	125
Le Portrait,	56, 140
Le Portrait d'une belle fille,	83
La Poulie & les sceaux,	109
Le Pouls,	92
La Poussiere à mettre sur l'écriture,	195
Le Procès,	114

TABLE.

La Prunelle de l'œil,	47
La Puce,	75, 108
Le Pucelage,	111
Le Puits,	179

Q

Le Quatrain,	111
Les quatre Elémens,	225
La Quenouille,	149, 224

R

La Lettre R,	162
Le Raisin,	43, 89
La Rame de papier,	152
La Rappe,	159
Le Rasoir,	132, 222
Le Ressort d'une montre,	90
Rien,	285
La Riviere,	15, 97
Le Rocher,	24
La Rose,	40

S

Le Sabot,	176
Le Sang,	143, 194
La Santé,	171
La Scie,	100
Le Sel,	86

TABLE.

La Selle à cheval,	170
Le Sepulcre,	8
Le Silence,	59
Un Sixain,	158
Le Soleil,	113
Le Songe,	11, 25, 89, 185
Le Soulier,	190
Le Soulier & la pantoufle,	117
Le Soulier d'une femme grosse porte le pied de la femme qui porte l'enfant lequel porte une tête où est l'œil,	216
Les Soupirs,	22, 35, 174
STERCUS,	161
La Suye de cheminée,	139
Les Syllabes de ce Quatrain,	108

T

La Tabatiere,	213
La Table,	137
Le Temps,	1, 129
Les Ténebres,	211
La Terre,	207
Les Tetons,	84
La Toise,	74
Le Torrent,	6
Le Toton,	165
Le Tournebroche,	142
La Trompette,	109
Le Tuyau,	219

TABLE.

V

Le Vaiſſeau,	203
Le Vent,	30, 31
Les Vents,	66
La petite Verole,	177
Le Ver-à-ſoye,	15, 97, 112, 128
Le Ver luiſant,	16
Le Verre,	42, 101, 155, 225
Les Vers,	173
Le Vieillard qui ſe ſert de lunettes, d'un cornet pour entendre, & d'un bâton pour marcher,	211
La Vigne-vierge,	145
La Vigne & l'Orme,	7
La Ville de Paris,	94, 105
Le Vin,	76, 124
Le Volant,	112

Y

Les Yeux,	19, 20, 36, 131, 219

Z

Le Zero,	100, 123

Fin de la Table.

NOUVEAU

NOUVEAU RECUEIL D'ENIGMES.

I.

Je resemble au torrent qui par son cours rapide
Se dérobe à soy-même, & s'enfuit loin de soy;
Je suis de l'Univers le Tyran & le Roy,
Et de tous les humains le pere & l'homicide.

Les forces de Milon, & les forces d'Alcide
Ont tenté vainement de s'opposer à moy;
Les superbes Césars ont fléchi sous ma loy,
Et je n'entreprens rien que le Ciel ne me guide.

Tout cede à mon pouvoir par force, ou par amour,

A

La Lune & le Soleil font la nuit & le jour,
Afin d'entretenir ma puissance suprême.

Aussi vieux que le monde, & ministre du fort,
Je conduis ici-bas & la vie & la mort;
Et comme le Phénix, je renais de moi-même.

II.

Mon corps est animé d'un esprit furieux,
Qui fait un grand fracas aussitôt qu'il
 s'élance;
Plus je suis resserré, plus j'ai de violence,
Et je porte la crainte & la mort en tous lieux.

Des obstacles de Mars je suis victorieux,
Et mon coup est plus grand que celui de ta lance;
J'excite la tempête, & je marche en silence,
La lumiere est dans moi sans l'organe des yeux.

Ce tonnerre de Mars qui surpasse la foudre,
Cette bouche d'enfer qui réduit tout en poudre,
Je l'imite, & pourtant mon dessein est secret.

Je suis le nœud fatal d'une haute avanture,
Lorsqu'on me voit sortir de ma prison obscure,
J'assassine souvent le pere qui me fait.

III.

De même que les Dieux je suis fils de Cibele;
Quoique je sois commun, je suis fort precieux.
Je meurs afin de vivre, & l'homme industrieux
Me donne tous les jours une forme nouvelle.

Je maintiendrois dans l'homme une vie immor-
telle;
Il seroit à l'abry du malheur d'estre vieux :
Si d'Adam criminel l'Enfer victorieux,
N'eût soumis l'homme au sort de la Parque
cruelle.

Je tiens toûjours mon rang à la table des Rois,
Je soutiens les Guerriers dans les fameux exploits;
Si leur valeur s'abbat, c'est moi qui la conforte.

Les traits de mes Archers défendent mon trésor:
Et selon la saison le Ciel veut que je porte
La robe d'Emeraude, & la couronne d'or.

IV.

J'Habite une solide & flotante maison,
L'on fait pour m'y tenir une garde severe;
L'amour le plus jaloux est celui de ma mere,
Qui prend mon ravisseur souvent à l'hameçon.

Il n'est point de Palais si beau que ma prison,
Je suis un œil charmant privé de la lumiere,
Et je suis recherché de l'ame la plus fiere;
Pour pouvoir m'enlever, il n'est qu'une saison.

Mes amans animez à ma riche conquête,
Sans craindre le peril, sans craindre la tempête,
Afin de m'affranchir font les derniers efforts.

Dans un tombeau vivant je suis ensevelie,
Avec un riche éclat, je suis ferme & polie;
L'on fait de mes beautés les plus rares trésors.

V.

VEut-on que je travaille, on m'enchaîne la tête;
Pour mettre cette chaîne, il faut les meilleurs yeux;
Elle fait mon travail, & le rend precieux:
Selon que je le veux, je peins l'homme, ou la bête.

Je ne me lasse point, & je suis toûjours prête;
Voyez-moi travailler, je fais cent mille trous,
Sans que je gâte rien; les sages & les fous
S'amuseront à voir entrer, sortir ma crête.

Au sexe je fournis mille innocens plaisirs;
Que de travaux je fais au gré de ses désirs!
Et par moi l'art souvent égale la nature.

J'instruis, je divertis, je parle par figure;
Sans moi l'on verroit nuds même les plus grands Rois.
Ma science, dit-on, se place au bout des doigts.

VI.

JE fais peu de chemin, & je marche à toute heure
Bien qu'il semble à me voir que mes pas soient pesans,
Ma vitesse est égale à la course des ans,
Je voyage toûjours sans quitter ma demeure.

Je ne puis reposer qu'à l'instant je ne meure,
Mais les subtils humains de mon sort artisans,
Pour me ressusciter ont des secrets puissans;
Et selon qu'il leur plaît, je suis pire ou meilleure.

Dans un riche Palais & sous une clef d'or,
Avecque des liens moderant mon essor,
Mes Amans curieux me tiennent asservie.

Je m'accommode au tems, & je suis la saison;
Je m'agite sans cesse en ma belle prison,
Et d'un filet dépend & ma mort & ma vie.

VII.

Minerve se promene en ma rase campagne,
Je suis le confident de ses vers accomplis,
Ses ennemis souvent souillent mon teint de lis,
En grimpant vainement sur la double montagne.

Les rivages de l'Inde & du fleuve d'Espagne,
De riches raretés ne sont pas si remplis;
Les Héros dans l'oubli seroient ensevelis,
Sans l'immortalité qui me sert de compagne.

Partagé des couleurs de la nuit & du jour,
Interprete des cœurs, & confident d'amour,
J'exprime ses désirs par un muet langage.

Et quand les libertins corrompent ma candeur,
Je fais souvent rougir l'innocente pudeur,
Ce papier ne doit pas en dire davantage.

VIII.

Je suis souvent dans l'eau pour le bien de la terre,
Je presente la vie, & je donne la mort;
Et mon trait élancé par un secret effort,
N'est pas moins dangereux que celui du tonnerre.

A iij

Ceux qui pour leur profit me font faire la guerre,
Admirent le pouvoir que me donne le sort,
Voyans que le plus foible entraîne le plus fort,
Et que mon ennemi de lui-même s'enferre.

Je n'attaque jamais, je ne fais point de bruit;
Je frappe en reculant, & plus on me poursuit,
Et plus je suis certain d'acquerir de la gloire.

Je suis souvent captif dans les bras de Doris;
Sans quitter mes liens j'emporte la victoire;
Et celui qui me prend, a le sort d'estre pris.

IX.

J'Ai comme le tonnerre une effroyable voix,
 Il n'est point ici-bas de monstre plus sauvage,
Je cours en serpentant les plaines & les bois;
Et l'Hydre en sa faveur feroit moins de ravage.

J'éclate de courroux, & j'écume de rage;
Je sappe les maisons, & renverse leurs toits.
Tout le monde s'enfuit alors que je parois;
Et si quelqu'un m'attend, la mort est son partage.

Ces amas de rochers, ces monts audacieux,
Dont le superbe front semble toucher les Cieux,
Doutent si devant moi leur place est assurée.

On voit par ma fureur leurs larges flancs
 ouverts,
Et je pourrois enfin détruire l'Univers,
Si le Ciel à ma force égaloit ma durée.

X.

UNe Amante dès son bas âge
S'attache avec des nœuds d'aimant
A son cher & fidele Amant,
Dont la beauté lui fait ombrage.

Nature a commencé l'ouvrage,
Le Soleil s'y porte ardemment,
Et sa sœur d'un regard charmant
Favorise leur mariage.

Le cher gage de leurs amours
Adoucit l'ennemi de nos jours,
Et sans magie est plein de charmes.

On voit cet enfant triompher
Quand sa mere a senti le fer,
Dont le coup l'a réduite aux larmes.

XI.

DAns le Palais des Rois où le luxe commande,
J'embellis les festins, & les jeux de la Cour ;
Je fais voir des beautés qui brûleroient l'amour,
Je précede les Rois, le voleur m'apprehende.

Je m'éleve par tout, & ma gloire est si grande,
Que des Dieux immortels j'habite le sejour ;
On m'y conduit en pompe & la nuit & le jour,
Et souvent je leur sers de victime & d'offrande.

J'ai pour ame le feu qui dévore mon corps,
Et ne pouvant souffrir ses funestes efforts,
Je fais couler ensemble & mes pleurs & ma vie.

O race des humains qui gouvernez mon sort,
Faut-il périr ainsi pour vous avoir servie,
Et que de mon travail le loyer soit la mort?

XII.

JE m'applique au travail pendant toute l'an-
    née:
Mais j'agis davantage aux plus grandes chaleurs,
Je ne repose point dessus le lit de fleurs,
Où le Ciel me permet de passer la journée.

    Quand l'Aurore en pleurant sa course a termi-
    née,
Je sors pour m'enrichir du butin de ses pleurs,
Je fais publiquement le métier des voleurs,
Et pas un Juge encor ne m'en a condamnée.

    Echo dans la campagne, Echo dans les forêts
M'importune & m'afflige avecque ses regrets;
Et par tout où je suis, je chéris le silence.

    J'aime pourtant le bruit au milieu des hazards
Où quelquefois mes cris appellent le Dieu Mars,
Quoiqu'en tirant mes traits, moi-même je m'of-
    fense.

XIII.

VOici des nations l'écueil inévitable,
    Où sans droit d'accuser les astres décevans,
Sans l'ire de Neptune & la fureur des vents,
Les plus sages nochers se perdent dans le sable.

    Aux plus belles saisons il est épouvantable,
Par des coups de malheur l'un l'autre se suivans,

Par les noires horreurs des phantômes mouvans,
Et par tout ce qui rend la Parque redoutable.

La nuit qui l'environne étouffe la splendeur
De ceux dont l'Univers adore la grandeur,
De fortune & du tems miserables victimes.

Les cœurs les plus hardis craignent de l'approcher,
Et les plus infectez & les plus nets de crimes
Le rencontrent par tout sans jamais le chercher.

XIV.

LEs Sages ont douté quelle étoit ma naissance,
Si je nais de ma mere, ou ma mere de moy.
La fortune en naissant me rend digne d'un Roy;
Et c'est moi qui soutiens la vieillesse & l'enfance.

Sans l'aide de Venus une Vierge a puissance,
Toute chaste qu'elle est, de m'engendrer de soy;
Ainsi nâquit Pallas, si l'on ajoute foy
Aux propos que l'on tient de sa divine essence.

Ma figure est semblable au cercle nompareil
Où commence & finit la course du Soleil,
Et j'ai comme cet astre une vertu feconde.

Je suis, comme l'on sçait, privé de sentiment;
Bien que j'inspire aux miens l'ame & le mouvement,
Et je meurs à l'instant que je les mets au monde.

XV.

UN heureux climat a produit
Ces aimables infortunées,
Que leurs Amans ont destinées,
A brûler le jour & la nuit.

Mercure avare les poursuit
Aux terres les plus éloignées;
Puis elles sont emprisonnées:

Leur extrême bonté leur nuit,
Leur mort en délices feconde
Les met en bonne odeur au monde,
Et sert de sacrifice aux Dieux.

Mais quand leur corps est dans la flame,
On voit aussitôt que leur ame
Prend son vol, & s'éleve aux Cieux.

XVI.

O Superbes beautez qui triomphez du monde,
Vainement ébloui par un éclat trompeur,
Vos charmes & les miens ne sont qu'une vapeur,
Et sur l'erreur des sens nôtre Empire se fonde.

Selon que je parois sur la terre & sur l'onde,
Je mets dans les esprits l'esperance, ou la peur;
Le Soleil fait pour moi ce qu'il fait pour sa sœur,
Et j'ai comme elle un corps où la lumiere abonde.

De même que l'Amour j'ai l'usage des traits,
Je présente la guerre, & j'annonce la paix;
Je fais taire les vents, & cesser le tonnerre.

Mais que sert mon pouvoir ? le tems est le plus fort,
Ma beauté passagere est frêle comme un verre,
Et l'auteur de ma vie est celui de ma mort.

XVII.

JE suis ainsi que Mars au meurtre accoûtumé,
Mais je m'y prends toûjours de traitresse maniere.
Quoique de m'embrasser Thetis soit coûtumiere,
C'est pour perdre les siens que Vulcain m'a formé.

Petit & contrefait je suis pourtant aimé
D'un maître qui se plaît à ma vertu guerriere,
Je combats avec lui quand ma force est entiere,
Mais je ne le sers pas toûjours à point nommé.

Si le tems m'est propice, & si l'art me seconde,
Mon embuche est fatale à la moitié du monde,
Qui m'approche sans crainte, & fait naufrage au port.

Lorsque de me surprendre elle a le plus d'envie,
C'est alors qu'elle voit sa liberté ravie,
Et que cherchant sa proye elle trouve sa mort.

XVIII.

ON doute si je viens des Cieux ou des Enfers,
Tant j'apporte aux humains de plaisirs & de peines,
J'inspire l'esperance, & les craintes soudaines,
Et rends l'esclave libre au milieu de ses fers.

A v j

Aux plus neceſſiteux mes preſens ſont offerts ;
Mais on ne voit jamais que leurs mains en ſoient
   pleines ,
Je n'ai de leurs vrais biens que les images vaines ,
Je flate ſeulement les maux qu'ils ont ſoufferts.

Je ſuis comme l'Amour ſujet à l'inconſtance ,
J'aime comme ce Dieu la nuit & le ſilence ,
Et ne cheris pas moins les antres & les bois.

Je ſuis un Enchanteur qui ſans force & ſans
   armes
Triomphe également des peuples & des Rois ,
Et rien n'eſt ſi facile à rompre que mes charmes.

───────────────

XIX.

Mon corps, quoique petit, a ſes nerfs & ſes
   veines ;
Sa couleur eſt de feu, ſa ſtructure eſt ſans os ;
En ſon plus noble ouvrage il eſt le plus diſpos ;
Et pour y travailler n'a point d'heures certaines.

Il ſçait l'art d'exciter les paſſions humaines ,
Il peut les découvrir, les cacher à propos ,
Des plus fermes eſprits il trouble le repos ,
Et des plus malheureux il adoucit les peines.

Des ſoldats comme un Roi le gardent dans un
   fort ,
Arbitre de la vie, arbitre de la mort ,
Il tient en ſa puiſſance & la paix & la guerre.

S'il ſort de ſon Palais il n'a plus de pouvoir ,
Il perd toute ſa grace, il eſt hideux à voir ;
Il n'eſt rien de meilleur ni de pire en la terre.

XX.

QUi peut réfister à mes feux ?
J'échaufferois un cœur de glace,
Et je tiens la premiere place,
Parmi les plaifirs & les jeux.

Souvent l'amour me fait des vœux,
Souvent la volupté m'embraffe,
Empruntant ma force & ma grace,
Afin de faire des heureux.

Mon baifer eft un feu liquide
Qui rend hardi le plus timide,
Le plus fage eft transporté.

J'ai l'art d'égayer la triftefle
Je change en force la foibleffe,
Et j'enfante la verité.

XXI.

JE tiens comme les Dieux regiftre des penfées,
Je fixe la parole, & je lui donne un corps ;
Du temple d'Apollon, j'ouvre tous les tréfors,
Mon Art met fous vos yeux les hiftoires paffées.

Mes forces par le tems jamais ne font ufées,
Et mes charmes puiffans reffufcitent les morts :
Par moi du noir Cocyte ils repaffent les bords,
Et viennent triompher des Parques abufées,

J'entretiens les plus fourds fans paroles & fans bruit,
Je paffe à ma couleur pour fille de la nuit,

Je mets dans un grand jour les plus secrets mysteres.

J'instruis cet Univers de l'un à l'autre bout,
Et quand on me consulte afin de sçavoir tout,
Ainsi qu'un Enchanteur j'use de caracteres.

XXII.

ON embellit mon corps pour l'exposer aux flâmes,
Et souvent on le peint de diverse couleur;
J'instruits par de beaux vers que l'on apprend par cœur,
En empêchant Vulcain d'attenter sur les Dames.

Je suis à ton secours lorsque tu me reclames,
Afin de moderer l'excès de la chaleur;
Favorable aux amans, je conserve la fleur,
Et l'éclat des beautés qui regnent sur leurs ames.

On me tient comme un sceptre, & la nuit & le jour,
On me demande aux champs, à la ville, à la Cour,
Souvent je garantis une vilaine face.

Quand le cruel hiver tient le monde en prison,
C'est alors qu'on m'ajuste, & que j'ai bonne grace,
Mais chacun m'abandonne en la belle saison.

XXIII.

AU regne de l'Aurore, à la porte du jour
J'avois parmi les bois ma vie entretenue;
Et quoique ma laideur fût assez reconnue,
J'estois la passion des Nymphes d'alentour.

Depuis que j'ai quitté cet aimable séjour,
Le luxe me retient, l'avarice me tue;
Et par ses soins jaloux ma tâche continue,
Afin de contenter & la Ville & la Cour.

Je vieillis tous les ans, & je me renouvelle,
Je meurs sans voir ma race, ô Nature cruelle!
Elle me fait difforme, & mon ouvrage est beau.

Je m'enlace moi-même aux filets de la Parque,
Et par un sort égal à celui d'un Monarque
Elle m'ensevelit dans un riche tombeau.

XXIV.

JE suis une beauté dont l'extrême inconstance
Change selon les lieux de visages divers,
Rien n'est si passager dans ce grand Univers,
Et rien ne fait au tems plus longue resistance.

Les plus voluptueux recherchent ma présence
Parmi les prez fleuris & les ombrages verds;
La chaleur des Estés, & le froid des Hivers,
Me font également sentir leur violence.

Je cause autant de maux que je cause de biens,
Quand on me veut forcer j'échape à mes liens,
Et je remplis d'effroi tous les lieux où je passe.

De mes charmes puissans les Princes amoureux
Avec de longs travaux me conduisent chez eux;
Mais pour eux quelquefois je suis toute de glace.

XXV.

Lorsque la Nature sommeille,
Je fais paroître mes beautez;
Aux champs que le jour a quittez,
Je suis la petite merveille.

Mon éclat n'est point emprunté;
Sur la terre, je suis un astre
Qui ne prédis aucun desastre;
De me prendre l'on est tenté.

Ma lumière croît, diminuë;
Mais souvent on veut m'approcher,
Que je me dérobe à la vûë,
Et l'on ne sçait où me chercher.

XXVI.

Nous sommes deux jumeaux de pareille grandeur,
Employez à parer une noire maîtresse,
Nous sommes faits tous deux pour la servir sans cesse,
Et pour elle Vulcain se consomme d'ardeur.

On ternit de nos fronts la plus vive splendeur,
Quand l'Epoux d'Orithie est cause qu'on nous presse;
Plus ardent est l'Esté, plus ils ont de froideur.

Ainsi que le Soleil nous portons à toute heure

La couleur du métail que l'avarice pleure,
Quand avec ses tréfors on enleve son cœur.

Dès que l'Hiver s'enfuit, nôtre tâche est finie;
Mais si le Ciel toûjours exerçoit sa rigueur,
On nous verroit toûjours en bonne compagnie.

XXVII.

Quand on voit mes beautez, on voit la vive image
De l'œil de la nature & du plus beau des Dieux;
D'un fort pareil au sien je domine en tous lieux,
Et des peuples de l'air me viennent rendre hommage.

Proche de mon trépas je parois davantage,
Un homme en respirant me dérobe à ses yeux;
Et dans l'employ fatal que j'ai reçû des Cieux,
Chacun diversement profit à mon dommage.

Delicate je crains & la pluye & le vent,
Et vous me voyez vivre & mourir si souvent,
Que ma soudaine mort ne vous met guere en peine.

Contraire & favorable aux désirs des Amans,
Je puis nuire & servir à leurs contentemens,
Et n'eus jamais pour eux ni d'amour ni de haine.

XXVIII.

Nous parfumons les airs autant que fait l'Aurore,
Quand elle peint le Ciel de ses vives couleurs,
Et vient ressusciter, ce grand peuple de fleurs
Dont la mort détruisoit la puissance de Flore.

Nôtre teint est brûlé comme celui d'un More,
Qui souffre du Soleil les ardentes chaleurs ;
On nous expose au feu dont l'ardeur nous dévore,
Et le luxe par tout entretient nos malheurs.

Le monde est si cruel qu'il cherche ses délices
En l'injuste rigueur de nos derniers supplices,
Et veut se divertir à nous sacrifier.

Comment cet ennemi nous laisseroit-il vivre ?
Il s'est imaginé que la mort qu'il nous livre,
Peut avoir la vertu de le purifier.

XXIX.

LE Soleil ne voit point la terre où je suis née,
Aux rayons de ses yeux c'est un secret caché,
Si d'extrêmes efforts enfin n'ont arraché
La porte du cachot où je suis confinée.

Dès que je vois le jour, je suis infortunée,
Au vouloir des mortels mon sort est attaché ;
Et sans estre souillé d'un ***** péché,
Je suis par leur arrêt aux flames condamnée.

J'éprouve chaque jour des supplices nouveaux,
Après les feux ardens je passe par les eaux,
Mais l'ardeur me blanchit, & la froideur m'en-
   flâme.

La force de mon corps necessaire en tous lieux,
Est cause que souvent le monde me reclame,
Soit aux Palais des Rois, soit aux Temples des
   Dieux.

XXX.

Adultere de la beauté,
Je corromps tout ce que je touche,
Et mon baiser gâte la bouche
Où je me suis trop arrêté.

   Celle dont l'amour effronté
Me reçoit jusques dans sa couche,
Au Soleil se montrant farouche,
Fuit le grand jour & la clarté.

   Plein de poison & d'artifice,
Je deviens le juste supplice
Des Dames qui m'ajoûtent foy.

   Je leur cause de maux extrêmes,
Vange la nature & la loy,
Et les punis par elles-mêmes.

XXXI.

Les Astres dessus nous ont versé leurs trésors,
Et nous sommes des Cieux la vivante peinture;
Chef-d'œuvre incomparable, où la sage nature,
Pour se faire admirer, a fait tous ses efforts.

   Nos humeurs ont toûjours de merveilleux rapports,
Et nous nous ressemblons de poil & de figure,
Habitans un Palais d'admirable structure,
Et dont le seul aspect donne mille transports.

   Quand l'un fait un projet, l'autre est de la partie;

Et nous sommes liez de telle sympatie,
Que l'un ressent de l'autre & le bien & le mal.

Un de nos mouvemens tient lieu d'une priere,
En la vie, en la mort nôtre sort est égal,
Et le cours de nos ans est un cours de lumiere.

XXXII.

Explication de la precedente Enigme.

POur deux nobles jumeaux ces vers furent tracez,
Par eux l'Amour s'explique, il menace, il conjure;
Ils sont d'une si chaste & si fiere nature,
Qu'on n'ose les toucher qu'ils n'en soient offensez.

Sans partir de leurs places en tous lieux dispersez,
Ils visitent des prez l'agréable verdure,
Ils voyagent dans l'air jusqu'à la nuit obscure,
Ils parcourent le monde, & ne sont point lassez.

Ils sont juges des arts, ils parlent sans langage,
S'élançant vers les Cieux ils rendent leur hommage,
Et peuvent déclarer ou la guerre, ou la paix.

Ils blessent sans fraper, un Roi craindroit leurs armes,
Ils doivent leur victoire à l'effort de leurs charmes,
Et de Mars & d'Amour ils empruntent les traits.

XXXIII.

UN trompeur agréable, un peintre ingé-
   nieux
Déçoit le plus subtil, & surprend le plus sage ;
Et nous fait admirer les traits de son ouvrage,
Encor qu'il soit toûjours invisible à nos yeux.

Il peut representer les hommes & les Dieux,
Des corps & des esprits il nous trace l'image ;
Son pinceau délicat a seul cet avantage,
Que sans l'aide des mains il travaille en tous lieux.

Ce fameux Artisan est d'une humeur légere,
Et doit toute sa gloire aux rigueurs de son pere,
Qui l'expose en naissant aux injures de l'air.

Il est par ce moyen connu de tout le monde,
Il montre avec éclat sa science profonde,
Et Zeuxis n'a rien fait qui le puisse égaler.

XXXIV.

Filles de la douleur & filles de la joye,
   Nous sommes les enfans & les meres d'Amour,
Nous lui payons tribut dans sa superbe Cour,
Et de sa cruauté nous devenons la proye.

Nous courons fort souvent où ce Dieu nous
   envoye,
Quelquefois malgré lui nous paroissons au jour ;
La pitié nous precede, & nous suit à son tour,
Du cœur où nous tendons elle est la seure voye.

Sur l'esprit le plus dur nôtre effort est fatal,

Et nous faisons couler des fleuves de cristal,
Où le feu de l'amour imprudemment s'attise.

Le sort nous a donné la maison des Jumeaux,
Nous pouvons tout au Ciel, & par nôtre entremise
On peut voir en tout tems deux Astres dans les eaux.

XXXV.

Issus d'un pere malheureux,
Enfans de l'air, esprits de la flâme,
Nôtre sort est bien rigoureux
Puisque la douleur est nôtre ame.

Medecins des cœurs amoureux,
Nous présentons un faux dictame,
Contre le trait qui les entame,
Et contre les coups dangereux.

Inconsiderez interpretes
Des passions les plus secretes ;
Nous disons ce qu'il faut celer.

Mais pour expier nôtre offense,
Cupidon nous laisse immoler,
Nous mourons à nôtre naissance.

XXXVI.

Je me repais de sang comme font les Tyrans,
Et ne sçais respecter ni sceptre, ni couronne ;
Je fais par tout la guerre, & n'épargne personne,
Et suis même cruel à mes propres parens.

On a peine à trouver le fort où je me rends,
Quand je poursuis quelqu'un le sommeil l'abandonne;
Je vis de mes larcins, & pas un ne me donne,
Et mes membres aux yeux ne sont point apparens.

Je me tiens enfermé, car je risque à paroître;
Je suis persecuté de ceux qui m'ont faite naître,
Et contre mon salut leurs traits sont animez.

J'habite a près d'une eau dont la source me noye,
Je trace mon chemin, je laboure ma voye,
Et je fais des sillons qui ne sont point semez.

XXXVII.

EN ma verte jeunesse alors que j'élevois
Aussi haut que le Ciel mon orgueilleuse tête,
Les fiers Tyrans de l'air auteurs de la tempête,
Ont tenté vainement quelles forces j'avois.

Je sors pour voir le monde, & je quitte les bois;
Si je n'y suis forcé, jamais je ne m'arrête,
Je fais de l'Univers l'objet de ma conquête,
Et porte les tresors des peuples & des Rois.

Je cours sans me lasser l'un & l'autre Hemisphere,
Le Ciel m'est favorable, & le Ciel m'est contraire,
Sa haine, ou son amour regle mes mouvemens.

Je regne dans la paix, je regne dans la guerre,
Comme le Roi des Dieux je lance le tonnerre;
Et pour me promener, on attelle les vents.

XXXVIII.

JE suis fils de Cybele, & la grande Thétis
   M'embrassoit autrefois avec les bras humides,
Et j'avois pour séjour ces hautes pyramides
Que semblent maîtriser les flots assujétis.

   Mais ces flots irrités en torrens convertis
M'arrachent quelquefois du sein des Néréides,
Et quelquefois je tombe en des mains homicides
Dont mes rares trésors ne sont point garantis.

   En changeant d'élement je change de nature,
Quand la rose & le lys me prêtent leur peinture,
A mes amans jaloux ma beauté coûte cher.

   De mon prompt changement la raison est
      confuse,
Voyant que le Soleil comme une autre Meduse
D'un seul de ses regards me transforme en rocher.

XXXIX.

JE touche de mes pieds le centre des abîmes,
   Et je porte ma tête aux celestes flambeaux,
Je loge dans mon sein mille monstres nouveaux,
De Nature & d'Amour les erreurs & les crimes.

   Je suis comme un autel tout chargé de victimes,
Je loge les poissons, les ours, & les oiseaux,
J'habite également & la terre & les eaux,
Sourd ainsi que la mer à des vœux légitimes.

   Neptune & Jupiter contre moi conjurés
Dans les plus grands assauts que leurs bras m'ont
      livrés,   Ont

Ont tenté vainement de me réduire en poudre.

Ils n'ont pû me ravir mes superbes trésors,
Au lieu de me noyer ils baignent mon grand corps,
Qui consomme à la fin le trident & la foudre.

XL.

ON voit en l'air une maison
Qui peut passer pour labyrinthe,
Où ceux qui cheminent sans crainte
Sont arrêtés en trahison.

C'est une fatale prison,
Un lieu de gesne & de contrainte,
Où leur pauvre vie est éteinte
Par un monstre plein de poison.

Sa malice est ingénieuse,
Et de Vulcain la main fameuse
Dresse des pieges moins subtils.

Son art de bâtir est extrême,
Et la matiere & ses outils
Se rencontrent tous en lui-même.

XLI.

D'Un pere par deux le destin m'a fait naître,
Et je suis toutefois plus leger que le vent;
Et par mon inconstance il arrive souvent
Que celui qui m'a fait ne me peut reconnoître.

Tel qu'un autre Prothée il me plaît de paroître,

B

Et pour me faire voir la nuit marche devant ;
Pareil à Cupidon mon regne est décevant,
Et je confons le fort de l'esclave & du maître.

Mais à quel desespoir ne suis-je point réduit ?
Avec ses traits ardens Apollon me poursuit,
Alors que je me cache à l'ombre de Diane.

J'ai recours vainement à mes charmes divers,
Devant un si grand Dieu je fuis comme un profane,
Et je me vais sauver dans un autre Univers.

XLII.

J'Ai d'un fameux Empire obtenu la couronne
 Par ma vive blancheur, par ma rare beauté,
D'un peuple florissant à mes pieds arrêté,
Soit le jour, soit la nuit, la pompe m'environne.

Je passe en pureté la fille de Latone,
Mon haleine au parfum est égale en bonté ;
Et je dois à Junon qui m'a seule enfanté,
La blancheur de mon teint dont l'éclat vous
 étonne.

Une Reine qui vient du beau sang de Cypris,
Et dont la pourpre & l'or gagnent par tout le prix,
Se lie avecque moi d'une étroite alliance.

De vos augustes Rois les peres m'ont élû,
Je les fais reconnoître ; & qui ne m'a point vû,
N'a jamais vû le Dieu qui préside à la France.

XLIII.

Qui pourroit en beauté contre moi disputer ?
L'aurore à son lever se cache en ma présence,
Je porte aux nations la corne d'abondance,
Et fais en leur faveur descendre Jupiter.

Les armes des Géans ne peuvent résister
Aux corps impétueux des flêches que j'élance ;
Comme en certains déserts on voit des monts in-
 fames
Précipiter ensemble & les eaux & les flames,
Ces élémens de même habitent dans mon sein.

Les divers mouvemens dont je suis agitée,
Empêchent que sur moi l'on fonde aucun dessein,
Et je change de forme autant que fait Prothée.

XLIV.

Pour rendre un lieu secret on m'en ouvre l'en-
 trée,
Tout le monde me voit, & je n'ai point de corps ;
Et du fond de l'abyme où descendent les morts,
Je m'élève souvent à la voute azurée.

Comme il plaît au Soleil, je change de con-
 trée ;
Tandis qu'à me chasser tendent tous ses efforts,
Des lieux où je régnois il me jette dehors,
Et ne me laisse point de retraite assurée.

De ce Roi des saisons l'incomparable sœur,

Dans son plus grand éclat redoute ma noirceur,
Qui donne à ses beautés une atteinte mortelle.

J'embrasse l'Univers de l'un à l'autre bout,
J'aime tant les humains que je les fuis par tout,
Mon sort veut que leurs yeux ne me trouvent
point belle.

XLV.

JE fais ouïr une harmonie
  Dont les différentes douceurs
Egalent celles des neuf sœurs,
Quand leur troupe est la mieux unie.

  Aussi divine qu'Uranie
Je plais aux Dieux mes possesseurs,
Et les hommes de saintes mœurs
Cherchent souvent ma compagnie.

  Un esprit anime mon corps,
Et par de merveilleux ressors
Le pourvoit de langue & de bouche.

  Je fais toute seule un concert,
Pourvû qu'un Apollon me touche,
Autrement mon esprit se perd.

XLVI.

D'Un frere & d'une sœur je raconte l'histoire,
  Telle que la nature & le tems le font voir ;
L'un ne sçauroit souffrir de l'autre le pouvoir,
Tant ils sont orgueilleux & jaloux de la gloire.

Encor que l'un soit blanc, & que l'autre soit
 noire,
Le monde également s'offre à les recevoir;
Ils lui rendent tous deux un éternel devoir,
Et chacun à son tour emporte la victoire.

Leur naissance est illustre, ils sont enfans des
 Cieux,
L'une comme un Argus est toute pleine d'yeux,
L'autre plus clair-voyant n'a qu'un œil qui l'é-
 claire.

Des célestes Jumeaux ils imitent le sort,
Ils se suivent par tout malgré le sort contraire,
Et nous les avons vûs renaître après leur mort.

XLVII.

MOn corps est sans couleur comme celui des
 eaux,
Je change à tout moment sans perdre ma figure;
Je fais plus d'un seul trait que toute la peinture,
Et puis mieux qu'un Apelle animer mes tableaux.

Je donne des conseils aux esprits les plus beaux,
Et ne leur montre rien que la verité pure;
J'enseigne sans parler pendant que le jour dure,
Et la nuit on me vient consulter aux flambeaux.

Parmi les curieux j'établis mon empire,
Je represente aux Rois ce qu'on n'ose leur dire,
Et je ne puis flatter ni mentir à la Cour.

Comme un autre Pâris je juge les Déesses,
Qui m'offrent leurs beautés, leurs graces, leurs
 richesses;

Et je leur entretiens les charmes de l'amour.

XLVIII.

JE fais suivre par tout mes inconstantes loix,
Au Roi des Animaux, à la bête, à la plante;
Et c'est pendant la nuit que je suis triomphante,
Je vois dessous mes pieds les peuples & les Rois.

Des Cieux & des Enfers je puis faire le choix,
Je ne repose point tant je suis vigilante;
Et l'on me reconnoît à ma trace brillante,
Soit au milieu des eaux, soit au milieu des bois.

L'Amour dont le pouvoir est égal à l'audace,
De mes froides beautés n'échauffe point la glace,
Sans passer en mon cœur il s'arrête à mes yeux.

Dans un Palais d'azur je porte un Diadême
Tissu des belles mains de la Nature même,
Il ne peut s'ébranler qu'à la chûte des Cieux.

XLIX.

JE puis donner aux eaux un frein de diamant,
J'échauffe des Tritons, & les couvre d'écume;
Comme un esprit de feu ma colere s'allume,
Et remplit de frayeur l'un & l'autre élement.

J'ébranle des mortels l'éternel fondement,
Lorsque je prens un corps de souffre & de bitume;
Mon souffle est un venin dont l'ardeur me consume,

Et qui ternit l'éclat des feux du firmament.

Souvent à mon abord tout le Ciel fond en larmes,
Et les traits d'Apollon font moins forts que mes armes,
Quand la fureur de l'Ourse à la mienne se joint.

Je suis un grand Tyran aussi vieux que le monde,
Dans le regne inconstant où mon trône se fonde ;
L'on me connoît par tout, & l'on ne me voit point.

L.

FOrmé d'invisible matiere,
J'ai des aîles comme un oyseau ;
Je prens mon vol dès le berceau,
J'embellis l'Aube matiniere.

Ainsi qu'un Ange de lumiere
Je rends le Ciel serein & beau,
Et devant moi la terre & l'eau
Reprennent leur grace premiere.

Par mon retour délicieux
J'appaise le lyon des Cieux,
Et l'ire de la Canicule.

Si vous voulez vous transporter
Au-delà des bornes d'Hercule,
Vous devez me solliciter.

LI.

LE beau nom que je porte est si rempli de charmes,
Qu'à l'ouïr seulement il ravit les esprits;
Mon corps est une fleur dont l'éclat est sans prix,
Et bien souvent l'Amour l'arrose de ses larmes.

Je donne aux plus vaillans de mortelles allarmes,
Et de mon seul abord ils demeurent surpris;
Je détruis quand je veux les desseins qu'ils ont pris,
Et sçais bien les dompter sans recourir aux armes.

Je vois de toutes parts les Rois humiliés
Apporter leur couronne & leur sceptre à mes pieds,
Et je suis des humains la Déïté visible.

Mon Empire autrefois s'étendoit jusqu'aux Cieux;
Qui pourroit expliquer qu'il eût esté possible,
Qu'une fleur passagere en attirât les Dieux?

LII.

VOici l'amoureuse Clitye
Avecque cet enfant si beau
Qui vit naître & mourir dans l'eau
La flâme qu'il avoit sentie.

Sur eux Flore s'est divertie

Par son ingénieux pinceau,
Et brillant d'un éclat nouveau
Amarante est de la partie.

Ces merveilles font leur séjour
Sur des monts où regne l'amour,
Où les feux sortent de la neige.

C'est là que leur captivité
Est par un heureux privilege
Plus belle que leur liberté.

LIII.

LE meilleur de mon corps se tient caché sous
 terre,
Où durant deux saisons je demeure vivant :
Puis on m'en fait sortir pour me faire la guerre,
D'un yvrogne abbatu j'aide le dissolvant.

Je suis rond, blanc & net, & poli comme verre;
Quand on me fait quitter ma prison du Parterre,
J'ai pour me garantir des injures de l'air,
Des robes de satin d'une couleur de chair.

Ma grace & ma beauté causent tout mon mal-
 heur;
Car me voyant paré d'éclatante couleur,
Parfumé pour Bacchus d'une odeur agréable.

On est de m'approcher tellement curieux,
Que bien qu'à mon abord les pleurs viennent
 aux yeux;
Les plus friands mortels m'appellent à leur table.

B v

LIV.

AUx climats où Zéphire a le plus de puissance,
Où Cybele ma mere a le plus de douceurs,
Je fors d'entre fes bras pour me nourrir des pleurs
Qu'une beauté divine épand à fa naiffance.

A peine ai-je quitté les langes de l'enfance
Que je m'élance en haut, que je furprens les
    cœurs ;
Que je veux imiter Uranie & fes fœurs,
Et que les beaux efprits admirent ma fcience.

Je ne fcais point prévoir, je vis frugalement,
Je mets mon plus grand foin à vivre nettement,
Et porte fur mon dos un habit Angelique.

Pallas a fait pour moi les arbres de la paix,
Je ne fais aucun mal, je ne pique jamais,
Et je paffe mon tems à chanter en Mufique.

LV.

A La tête d'un camp-volant
    Que la nature vient de faire,
Ainfi qu'un jeune volontaire
Je commence un combat fanglant.

J'ai le cœur fans ceffe brûlant
D'une genereufe colere,
Dont ma trompette haute & claire
Devance le coup violent.

Mon attaque ferme & soudaine
Surprend le plus grand Capitaine,
Quelque ordre qu'il puisse donner.

Et malgré sa troupe guerriere
Je le choisis sans m'étonner,
Et lui romps droit en visiere.

LVI.

DEMANDE.

Expliquez-moi, sçavant Tyrsis,
Quels Zephirs amoureux ont mêlé leurs haleines
 Au courant des fontaines,
Et n'ont produit que des soucis.

REPONSE.

 Ces vents dont l'Amour est le pere,
Sortent d'un antre si caché,
Que je serois fort empêché
A vous découvrir ce mystere.

Ces tristes messagers d'un amoureux travail,
 Par une porte de Corail
 Font toûjours leur entrée au monde ;
 Ils sont ennemis de la paix,
Et quand ils sont sortis de leur grotte profonde,
 Ils n'y rentrent jamais.

LVII.

JE surprends le monde sans bruit,
 Et par une noire avanture
Compagne de la mort & mere de la nuit,
J'efface les beautez de toute la nature.

 L'excès de ma grandeur fait que je parois
  moins,
  Et tous les peuples sont témoins
  Que je change plus que la Lune.

Mon empire dépend des regards du Soleil,
 Il fait ou défait ma fortune ;
Je regne à son coucher, je meurs à son réveil.

LVIII.

Ainsi qu'un long serpent je traîne
 Mon corps à replis tortueux ;
Je suis si peu respectueux,
Que j'enchaînerois une Reine ;
Le jour je me tiens dans mes trous,
Et la nuit je les quitte tous.

LIX.

SAns consumer les cœurs nous les pouvons brûler,
Nous sommes les flambeaux & les miroirs des
 ames,

Dont les vifs sentimens s'expriment par nos flâmes;
Et dans nôtre silence on nous entend parler.

LX.

J'Enseigne sans parler & le mal & le bien,
Et je fais tout sçavoir, pourtant je ne sçai rien;
Je suis belle quoique fort noire,
Je suis tutrice de la gloire.

Sans moi la renommée en naissant périroit,
Je tends ses beautés immortelles;
Les vivans & les morts reconnoissent mon droit,
Et j'enchaîne le tems, & lui coupe les aîles.

LXI.

MA Maîtresse qu'on voit souvent
Aussi muable que le vent,
Se laisse prendre à l'or dont la couleur me pare:
Et sitôt qu'échauffé je la veux caresser,
Aux yeux de tout le monde elle me vient baiser.
Est-il rien plus leger? est il rien plus avare?

LXII.

J'Ai le corps velu comme un Ours;
Briare avoit cent bras, & j'ai plus de cent têtes:
Vulcain pour les former excite ses tempêtes;
Et leur nombre peut croître & décroître toûjours.

Je suis tantôt en ville, & tantôt en campagne,
 Mes larges flancs enferment mon tréfor :
Et pareille au dragon qui gardoit les fruits d'or,
 La vigilance m'accompagne.

LXIII.

Nous nous éloignons de la terre,
Où pour vôtre plaifir vous nous faites la guerre,
 Mais dans le tems qu'on nous voit envoler,
  Nous formons un épais nuage :
 Mais n'en redoutez point l'orage,
 Il n'est pas fait pour vous troubler.

LXIV.

Avecque des liens mêlés d'or & de foye,
 Des Maîtreffes des Rois je tiens la liberté;
  Et la plus fevere beauté
Souffre qu'en ma prifon tout le monde la voye.

LXV.

Un Géant qui s'éleve aux célestes flambeaux,
 Et qui tient dans fes bras & la terre & les eaux,
Dans le fein de Thetis a pris fon origine ;
Et fi nous en croyons le rapport de nos yeux,
 Courbé comme un Atlas fous la charge des Cieux,
On diroit qu'il foutient leur pefante machine.

LXVI.

Celui qui préside aux saisons
Visite cent fois ses maisons,
Pour me communiquer l'éclat qui l'environne,
Cybelle m'a conçu des regards de ce Dieu;
   Et mon destin veut qu'en tout lieu
   Les Rois me doivent leur couronne.

   Les peuples nés au siécle d'Or
   Ne me connoissoient point encor,
Je n'étois point pour eux le Soleil de la terre,
C'est au siécle de fer qu'on m'a tendu les mains;
   Et je n'ai tenté les humains
   Que depuis qu'ils se font la guerre.

   C'est en vain que pour me cacher,
   J'entasse rocher sur rocher;
Ils déchirent mon corps, ils me coupent les veines,
Et sans pitié des maux que le monde a soufferts,
   Ils vont chercher jusqu'aux Enfers
   L'éternel Auteur de leurs peines.

LXVII.

Celle dont nos beautés ont tiré leur naissance,
Et dont Neptune a jouïssance,
   S'enyvre du Nectar des Dieux
   Dans ses repas délicieux;
   Et nôtre pompeuse famille
   Qui la ceint d'un superbe tour,
   Lui présente d'une eau qui brille

Autant que la clarté du jour.

Qui se peut dérober aux yeux de l'avarice
Et s'exempter de l'injustice ?
Du fond de nos Palais on nous vient arracher ;
De la cupidité nous sommes la victime,
Et la nuit d'un abyme
Est trop claire pour nous cacher.

Mais pour vanger le tort qu'on fait à l'innocence,
Nous avons par tout la puissance
D'enchaîner les amours de nos persecuteurs ;
Leurs Reines superbes & braves
Sont du moins autant nos esclaves
Que nous sommes les leurs.

LXVIII.

Comme Pallas je nais armée,
J'ai le manteau de pourpre & la couronne d'or,
Le Soleil à vos yeux étale mon trésor,
Et par tout les Zéphirs portent ma renommée.

Sous le plus bel aspect des Cieux
Naissent mes beautés souveraines,
Que l'on voit s'élever sur la tête des Reines :
Mais n'en murmurez point, je suis du sang des
Dieux.

LXIX.

Je suis Nymphe invisible
Qui fais de l'air mon élement,

Et qui ne serois plus sensible,
Si je n'avois point eu d'amant :
Dans l'état où je suis ce bel objet me touche,
J'en parle & je n'ai point de bouche,
Cent fois je meurs, & revis en un jour :
Et ceux qui comme moi sont martyrs de l'amour,
Me viennent consulter au fort de leur martyre :
Mais je leur donne un conseil décevant,
Autant en emporte le vent,
Et je ne leur dis rien que ce qu'ils me font dire.

LXX.

Tout le monde travaille à troubler mon repos,
Sans estre criminel on me met à la chaîne,
Et mes nerfs endurent la gêne,
Mais je n'en suis pas moins dispos.
Ainsi que les vents j'ai des aîles,
Et mes courses sont éternelles ;
Je rampe sur le ventre ainsi qu'un long serpent,
Par cent bouches de feu je vomis cent tempêtes,
Et par mes fameuses conquêtes,
Du Nord jusqu'au midi ma gloire se répand.

LXXI.

Une forêt d'Amour est si haut élevée,
Que l'on peut voir les astres au dessous,
Sa puissance magique est par tout éprouvée,
Et son aspect est dangereux & doux :
Par une ingénieuse & cruelle malice
Où le fer & le feu ne sont point oubliés,
On y tend des filets pour nôtre précipice,

Et les plus forts sont les plus déliés.

LXXII.

Des filles du Soleil je distingue le nombre,
Par moi leur tems est limité,
Et leur immortelle clarté
Se represente par une ombre.

LXXIII.

Celui qui détruit tout est celui qui m'engendre,
Pourvû qu'on sçache l'art de ménager le vent;
Et que par un souffle sçavant
On tire mon corps de la cendre.

LXXIV.

Lorsque je prens ma course au milieu des forêts,
Ma fureur est si violente,
Que celui qui dompta le monstre d'Erimante
Ne pourroit pas m'abatre de ses traits:

Ainsi qu'un Pontife admirable
Je tiens le premier rang aux misteres des Cieux,
Et sans mon secours favorable
L'Encens ne fume point sur les autels des Dieux.

Mais baisers changent toutes choses
Au milieu de la nuit je ramene le jour,
Ma couleur est celle des roses

Et j'éclate autant que l'amour.

On ne fait point sans moi de solemnelle fête,
Je suis cruel & beau, necessaire en tout lieu :
Devine qui je suis ? je ne fûs jamais bête,
Et je ne suis homme ni Dieu.

LXXV.

Mon pere n'est pas laid, encor qu'il soit tortu,
Et nous avons tous deux une mere commune,
Plus on me presse, & plus j'ai la vertu
De résister aux traits de la fortune.

Et quoique je sois libre & franc,
On me fait sur la terre
Une si rude guerre,
Que les plus inhumains s'abreuvent de mon sang.

LXXVI.

Je porte un riche Diadême
Par la faveur d'une beauté suprême
Qui m'a donné l'éclat des célestes flambeaux,
Je préside au milieu d'un grand cercle d'étoiles ;
Et quand la nuit étend ses plus superbes voiles,
Elle n'a point de feux plus beaux :
Faut-il donc s'étonner si ma beauté s'admire
Alors qu'elle se mire,
Mais ma honte & mon desespoir
Viennent pourtant de me trop voir.

LXXVII.

JE remplis l'Univers de mille objets funebres,
De larmes, ni de sang je ne puis m'assouvir ;
Fils d'un Pere brillant, je nais dans les ténebres,
Je viens à la lumiere afin de la ravir.

J'aime la couleur rouge & je cause la noire,
Je blesse & suis blessé, je bats & suis battu ;
La honte suit mes coups aussi-bien que la gloire,
Et je suis instrument de vice & de vertu.

Un avare me cherche, un inhumain m'employe,
Je donne le trépas, & je rends éternel :
Mais en perdant autrui, moi-même je me noye,
Et me cache aussitôt que je suis criminel.

Je nâquis de bas lieu, mais j'éleve qui m'aime;
Je sçais verser le sang, & je sçais l'arrêter;
Ami de la fureur, ennemi de moi-même,
Seul je m'attaque, & seul je me puis résister.

Je suis des deux parties, & je ne suis point traître,
En un même moment j'attaque & je secours ;
Par moi l'on est captif, par moi l'on devient maître ;
Tout cruel que je suis, j'ai pourtant mes amours.

Je borne les Etats & je les fais accroître,
J'y sers également en la guerre, en la paix,
Toi qui m'entens parler travaille à me connoître ;
Garde-toi si tu peus, de me sentir jamais.

LXXVIII.

Bien que je sois sans voix, sans bouche, &
    sans oreilles;
La Musique me doit les plus douces merveilles;
Quand je me fais ouïr tout tremble dessous moi,
L'Art fait voir en mon corps une double nature,
Je suis petit en tout, en naissance, en stature,
Pourtant je bats monnoye aussi bien qu'un grand
    Roi.

LXXIX.

Qui pourroit parcourir mes différens emplois?
    Bien que je rende heureux ceux à qui je me
    donne ;
Après m'avoir battu soudain on m'emprisonne,
Et je suis le jouet & des feux & des croix.

    Dans ma captivité je triomphe des Loix,
Gémissant sous les fers je porte la Couronne;
Et l'on me voit souvent quand mon destin l'or-
    donne,
Ou servir aux Bergers, ou regner sur les Rois.

    J'assiste l'orphelin, je console les veuves,
Ma constance résiste aux plus rudes épreuves,
Et pourtant quelquefois je passe pour leger.

    Mais bien que chaque jour par cent Métamor-
    phoses,
Les moins ingénieux me changent en cent choses,
Je suis toujours moi-même, & je ne puis changer.

LXXX.

Avant que d'estre né je me vois sans raison,
Enfermé par ma mere en un tombeau de pierre;
Mais le fer qui retient les autres en prison,
Me rend la liberté par une douce guerre.

Tout le monde me craint, tout le monde me suit,
Je mene dans le port, & je fais des orages;
Le jour m'est ennemi, je le suis de la nuit;
Et je forme ici bas Etoiles & nuages.

Je suis cruel en terre, innocent dans les Cieux,
L'ennemi qui me tue, est très-souvent mon pere;
J'embellis le visage, & j'enlaidis les yeux;
Je farde, & toutefois au fard je suis contraire.

Mes baisers sont mortels, & causent une ardeur,
Dont même les plus froids ne se peuvent défendre;
Mais au moins leur trépas les couvre de splendeur,
Et les fait tous brillans dans la tombe descendre.

Vainement je m'efforce à ternir ma clarté,
Ma Nature s'oppose à mon noir artifice,
Malgré moi mon éclat perce l'obscurité,
Et mon sort veut qu'enfin par tout je me trahisse.

LXXXI.

JE suis le blanc époux d'une brune maîtresse,
  Pour me l'ôter du sein il me faut déchirer ;
Quoique je l'aime fort, lorsqu'elle me caresse,
Tout muet que je suis on m'entend murmurer.

  Sans qu'on m'ait offensé je chante des injures,
Sans changer de couleur j'ose tout assurer,
Je provoque au combat & cause des blessures,
Et tout mort que je suis je fais rire & pleurer.

  Je cache les secrets, quoique je les découvre,
Je souffre également & le bien & le mal,
J'ai par tout de l'emploi, dans les champs, dans le
  Louvre ;
Je sers à la maîtresse, à l'amant, au rival.

  J'apprens les bonnes mœurs, & j'enseigne le vice;
Tout le monde est ravi de mon doux entretien,
Je sauve du trépas, j'annonce le supplice,
J'enrichis tout d'un coup, & je n'eus jamais rien.

  Je suis le confident, & l'héritier des sages,
Je conserve moi seul tous leurs trésors divers:
On lit dessus mon front tous les temps, tous les
  âges,
Et l'on y voit dépeint tout ce grand Univers.

LXXXII.

JE suis l'Astre animé, qui d'un pas diligent
  Court sans se fatiguer dessus un Ciel d'argent,

Où par des nœuds subtils on me voit arrêtée ;
Je suis de la clarté la mobile maison,
Jusqu'à ce que la nuit sur l'horison montée
M'enferme sous le toit d'une tendre prison.

Clair & vivant flambeau j'éclaire & je conduis,
Je sers fidellement le maître à qui je suis ;
Je lui découvre tout aveugle pour moi même,
Dans les plus grands dangers j'accompagne ses pas ;
Et s'il meurt par l'effort de quelque mal extrême,
Pour preuve de ma foi je meurs à son trépas.

J'emprisonne l'amour dans mon sein de cristal,
Il repose en moi comme en son lieu natal,
Je lui fournis des traits, je lui prête des flâmes,
C'est moi qui suis sa mere, & qui l'ai couronné :
Mais sentant le pouvoir de ce Tyran des ames,
Je me rends à celui que je tiens enchaîné.

Infidele miroir je flatte & je trahis
J'ôte & rends la santé, j'ordonne, j'obéis ;
Sans langue, sans discours j'accorde & je refuse ;
Triste, joyeux, mourant, vif, doux & furieux,
Je permets, je défens, j'autorise & j'accuse ;
Et j'éteins tout d'un coup la colere des Cieux.

Soumise à la raison, je la forme & l'instruis ;
Je fais voir les plaisirs, je fais voir les ennuis,
Je produis dans mon ciel mille perles liquides,
Rien ne peut être égal à mon activité ;
Je devance aisément les traits les plus rapides,
En roulant je fais mieux remarquer ma beauté.

J'ai dans mon voisinage une agréable sœur,
Qui me ressemble en âge, en graces, en douceur,
Son Amant est le mien, nous avons mêmes armes,
Sa puissance est par tout égale à mon pouvoir ;

Pour

Pour les mêmes desseins nous accordons nos charmes :
Mais par un sort cruel nous ne nous sçaurions
voir.

LXXXIII.

MArtyr de l'avarice en ouvrages feconde,
Pour me faire servir on me bat en cent
lieux ;
Et des adroites mains par leur soin laborieux
Me donnent mille emplois sur la terre & sur
l'onde.

Je sers dans le ménage, & puis lassé du monde,
On me voit entourer un bon Religieux,
Je sers aux criminels, quoique je serve aux Dieux ;
Et fais voir mon orgueil sur la mer vagabonde.

Sitôt que je suis né l'on me plonge dans l'eau ;
Après qu'on m'a brisé, le fer est mon bourreau,
Il n'est point de fortune à la mienne semblable.

Je suis blanc, je suis roux, je suis foible &
suis fort,
Aveugle je conduis dans le port désirable,
Je sauve du danger, & je donne la mort.

LXXXIV.

AMant infortuné d'une aimable maîtresse,
Dont la grace est égale à sa vivacité,
Charmé de ses appas je la poursuis sans cesse,
Pour lui montrer l'amour dont je suis tour-
menté.

C

Pour satisfaire mon envie,
Elle m'accorde enfin un baiser amoureux;
Mais helas! ce baiser est fatal à ma vie,
Car j'en meurs tout d'un coup par un sort rigoureux.

LXXXV.

Noir Tyran de l'esprit je lui donne la gêne,
Je vais toûjours en masque, & me montre en tous lieux :
Pour sçavoir qui je suis tout le monde est en peine;
Mais quand on me veut voir, on n'a pas besoin d'yeux.

Je ne suis presque rien, & je suis toute chose,
Je suis un beau Soleil, je suis un vermisseau;
Quelquefois je suis feu, puis sans métamorphose
Je passe adroitement sous la forme de l'eau.

Mon pouvoir est si grand qu'il fait parler des marbres,
Je donne une couronne à qui n'a point de bien :
Je rends tout amoureux, je fais marcher les arbres;
J'enrichis, & pourtant il ne m'en coûte rien.

Un monstre m'enfanta dans des grottes obscures,
Il prit pour me cacher le manteau de la nuit,
Malgré ce voile épais je prens mille figures,
Pour briller à la Cour où mon sort me conduit.

J'inspirai de l'amour à la belle Sylvie,
Qui se plaignit par tout d'aimer un inconnu :
Mais quand j'eus contenté son amoureuse envie,

d'Enigmes.

Elle alla se vanter de m'avoir vû tout nud.

Tu travailles envain, toi qui me veux connoi-
 tre,
Je suis ce que je suis, tes vœux sont superflus;
Car dès que ton esprit devineroit mon estre,
 Sur le champ je ne serois plus.

LXXXVI.

FReres presque infinis, d'un sort bien different,
 Nous sommes des beautés l'ornement & la
  peine;
Nous débordons ainsi que les flots d'un torrent,
Et le moindre Zéphir nous meut de son haleine.

Tandis qu'en liberté nos germains vont errant,
Sans avoir fait un crime on nous met à la chaîne;
Et nous n'avons jamais d'éclat plus apparent,
Qu'avecque la couleur de l'or & de l'ebeine.

Sous un voile pieux & sous un crespe noir,
Nous donnons aux mortels le plaisir de nous voir:
Mais lorsqu'un soin exact nous regle avec étude,
Celui qui de son rang s'écarte tant soit peu,
Est aussitôt puni d'un châtiment si rude,
Qu'il passe sans merci par le fer & le feu.

LXXXVII.

UN portail de cynabre est devant ma maison,
 Où quelquefois je nais avant qu'estre con-
  cûë:

C ij

Mais pour estre efficace il faut qu'en la prison
D'un Dedale animé soudain je sois receûe.

Mon pouvoir sur les cœurs est sans comparai-
son,
Lorsqu'un art délicat m'a de grace pourvûe,
J'ai des traits tout remplis de miel ou de poison,
Et je découvre tout sans pouvoir estre vue.

Je surpasse en pouvoir & l'argent & le fer,
Mon zele ardent émeut & le ciel & l'enfer,
Souvent bien que sans poids je suis d'un poids
extrême.

J'étale quelquefois des trésors sur un point ;
Aucun ne vous dira qui je suis que moi-même.
Je vous fais tout connoître, & ne me connois point.

LXXXVIII.

JE suis gros, je suis lourd, quoique j'aille fort
vîte,
A l'homme en un besoin je puis servir de gîte,
Lorsque je sers d'asile au faquin illustré,
Il est par les passans comme un Prince honoré.

On me mene à la ville, aux champs & dans le
Louvre,
On m'employe à conduire un amoureux dessein,
Les plus rares beautés reposent dans mon sein,
Et daignent bien souffrir que mon habit les cou-
vre.

Mais de tant de faveurs que pas un ne me loue,
Mon destin est cruel autant qu'il est nouveau,
Mon pere en me faisant semble estre mon bour-
reau,

Il me lie, il me frappe, il me perce, il me roue.

Je souffre tous ces maux, mais quelquefois je crie ;
On sçait l'art d'appaiser mes plaintes & mes cris,
Par un remede sain, doux & de petit prix,
Dont lorsqu'on m'a frotté, ma douleur est guérie.

Aveugle que je suis on me donne trois guides,
Dont l'un en conduit deux avec la verge au poing,
Quoique je sois traîné, je ne me lasse point,
Et l'on ne reconnoît mes pas que par des rides.

J'ai presque même sort que le cheval de Troye,
Par deux endroits égaux j'enfante sans douleur,
J'enferme la beauté plûtôt que la valeur :
Enfin je suis commode à quiconque m'employe.

LXXXIX.

DEs beaux esprits j'occupe le loisir,
Je porte un masque au visage semblable,
Qui me cachant irrite le désir ;
Car au grand jour je suis moins agréable.

Souvent j'échape à qui me croit saisir ;
Et les beaux traits qui me rendent aimable,
Font de la peine & causent du plaisir :
Mais trop de fard me rend reconnoissable.

En plein midy mon sçavoir nompareil
Peut mettre un voile audevant du Soleil ;
J'ai de grands mots une nombreuse escorte.

Je vous invite à démêler ce point,
Qui me connoît m'appelle en même sorte,

Que l'ignorant qui ne me connoît point.

XC.

Sans moi vous rendriez les armes
  Aux divins appas de Philis,
Je fais douter si la laide Cloris
Ne possede pas bien des charmes.

  Tout objet m'est indifferent,
Je conserve qui me possede,
Et je n'ai pas un soin plus grand
Pour la belle que pour la laide.

  J'ôte à l'amant la liberté
De voir ce qui charme sa vûë,
Et seulement ma cruauté
Lui découvre ce qui le tue.

  Je rends favorable à mes vœux
La plus rude & la plus farouche ;
Et je baise ce que je veux,
Excepté les yeux & la bouche.

  Par moi l'Amant sans estre ingrat
Peut méconnoître sa Maîtresse ;
Je méprise le tiers état,
Et ne hante que la Noblesse.

  Sexe trompeur, j'exerce vos esprits,
Souvent je fais tort à qui m'ôte ;
Si vous voyant, les cœurs sont peu surpris,
Je n'en dois pas porter la faute.

XCI.

JE prends la mine, la posture,
Le tour de ce qui m'apparoît;
Et tout le monde me connoit
Pour le portrait de la nature.

Je parle aux sourds, je suis muet,
Sur le champ je peins trait pour trait,
Bien mieux que Peintres & Poëtes;
Voulez vous voir ce que je suis,
Cherchez à voir ce que vous estes,
Rien davantage ne vous dis.

XCII.

JE suis un invisible corps,
Qui de bas lieu tire mon estre;
Pour sauver son honneur, mon maistre
Cele qui je suis, d'où je sors.

Je parle & me tais à la fois,
Et bien souvent lorsqu'on me presse
Je deviens femelle traitresse,
De franc mâle que je serois.

J'ignore l'art de discourir,
Je sçais pourtant me faire entendre;
Le même moment qui m'engendre
Me voit naître, vivre & mourir.

Par moi l'un des sons est touché
D'une très-fâcheuse influance,
Et l'on rougit de ma naissance

Comme on rougiroit d'un peché.

 Un Poëte eut sept villes pour soi
Dont chacune s'en disoit mere :
Mais ce qui se fit pour Homere,
Jamais ne se fera pour moi.

 Mes Dames dont l'esprit charmant,
De m'expliquer ose entreprendre,
Gardez-vous bien de me méprendre,
Et de me faire en me nommant.

XCIII.

EN moi sans cesse l'on admire
 Le même aspect, les mêmes ans,
Et je suis la glace où se mire
Un seul objet pour un seul tems.

 Si je suis pâle, je suis blême,
Hors de moi-même je me voi ;
Enfin je ne suis que moi-même,
Et je suis un autre que moi.

 De peur que je vous embarrasse
Et de crainte que je ne passe
Pour un Enigme decevant,
En deux mon estre se partage;
L'un est mort, l'autre est vivant ;
Mais le mort dure davantage.

XCIV.

JE suis arbre où rien ne se cueille,
Qui porte mes rameaux en bas ;
J'ai toujours des branches sans feuille
Qui de mon tronc ne sortent pas.

Je ne laisse rien où je passe,
Par moi ce qui nuit est chassé,
Et la propreté suit la trace
Qui montre par où j'ai passé.

Je suis ennemi de l'ordure,
Je fais un Palais d'un taudis,
Et suis l'ordinaire monture
Des Grandicts & des Goffredis.

Avec l'enfance j'ai commerce,
Quoiqu'elle tâche de m'éviter ;
En un mot bien souvent j'exerce
La servante, le Magister.

XCV.

COmposé d'eau, d'air, & de feu,
Je suis d'amoureuse nature ;
Et je dure toujours trop peu,
Quelque tems que l'on me procure.

Il n'est point d'assez beau crayon
Pour peindre ma douceur entiere,
Je fais un fidelle rayon
De la félicité derniere.

C v

Souvent je sers mal à propos
A des embuches qui se dressent,
Et comme un bouton je m'éclos
De quatre roses qui se pressent.

En me volant, le plus grand Roi
Ressent une douceur extrême,
Je renferme mon bien dans moi,
Et suis mon tréfor à moi-même.

Je ne sçaurois bien m'appuyer,
Si l'on me tient la bouche close ;
Et c'est me voler tout entier,
Que de me prendre quelque chose.

Ma douceur calme en un moment
L'Amant qui tempête, & qui gronde;
Je suis le prélude charmant
Des plus grands plaisirs de ce monde.

XCVI.

J'Ignore ma fortune & quel sort m'accompagne,
Je puis des mains d'un gueux passer aux mains d'un Roi ;
Quiconque va tout nud n'a que faire de moi ;
Et qui me forme unique, y perd plus qu'il n'y gagne.

On me voit dans la France, on me voit dans l'Espagne ;
Parmi les nations j'ai mon petit employ,
Sans moi l'ajustement se trouve en desarroy;
Je suis blanche à la ville, & jaune à la campagne.

J'entre, je sors, je rentre aux lieux où je me tiens,

J'attache tout le monde, & n'ai point de liens
Des pieds impunément on foule ma personne.

Où je fais mon devoir, là je trouve un soutien,
On me prend, on me jette, on me presse, on me
donne :
Mais c'est en dire trop sur un peu plus que rien.

XCVII.

Quand la voix meurt, on me voit naî-
tre,
L'on me fait mourir d'un seul mot ;
Je suis moins que rien, ou plûtôt
J'empêche quelque chose d'être.

Le Chartreux me prend pour son lot,
Aux yeux je ne sçaurois paroître ;
Par moi l'on ne peut reconnoître
L'habile homme d'avec le sot.

Ce n'est pas moi qui persuade,
Je suis propre pour un malade,
Et mon regne est durant les nuits.

Qui suis-je ? Esprits que l'on admire,
Je ne suis pas ce que je suis,
Si j'ai pouvoir de vous le dire.

XCVIII.

De tous les ornemens de l'humaine structure,
Plus aisément que moi, qu'est-ce que l'on
peut voir ?

Entre deux clairs flambeaux m'a placé la Nature,
Penchant sur un abyme où je ne sçaurois choir.

   Une perle liquide est l'Hyver ma parure,
Je suis Grec & Romain, & plaît quand je suis
   noir ;
Une convulsion altere ma figure,
Alors de m'honorer chacun fait son devoir.

   On dit que j'ai cent pieds : mais c'est quand on se
   mocque,
Une mauvaise haleine & me fâche & me choque,
Je quitterois pour lors la présence d'un Dieu.

   Je tiens ma gravité ferme comme un Apôtre,
Sans jamais me tourner ni d'un côté ni d'autre,
Ainsi que la vertu je demeure au milieu.

XCIX.

Nous sommes deux contre un que nous pres-
   sons souvent,
Pour éviter nos coups il faut qu'il aille vîte,
Nous logeons la vitesse où la paresse habite,
Et quiconque nous craint n'a qu'à fendre le vent.

   Par nous qui languissoit devient vif & mou-
   vant,
Une morte vigueur par nous se ressuscite,
Et par nôtre secours sagement on évite
Le danger où s'expose une tête à l'évent.

   Nous sommes attachés au service d'un maître
Qui nous tient toujours bas autant qu'on le peut
   estre,
C'est à l'extrémité qu'il nous donne un appuy.

Nous sommes ses captifs qui le suivons sans
 cesse ,
Nous semblons accuser son extrême rudesse ;
Sitôt qu'il fait un pas, nous crions après lui.

C.

JE suis dénué de raison ,
 Je ne sens pas quand on me presse ;
La chair est mon Palais, ou plûtôt ma prison ;
Je suis toujours au bout, & je pousse sans cesse.

Aux gueux je suis fort nécessaire ;
 Ils me laissent croître fort haut.
A toute heure ils me font le sanglant échafaut,
Où de leur ennemi la mort est exemplaire.

Je me passe fort bien d'habits :
 Mais l'on me voit par intervalle
Tout bordé de velours, tout chargé de rubis ,
Sans que je sois plus riche & que je sois moins
 sale.

Un fer des deux côtés égal
 Souvent me découpe & m'outrage :
Mais qui me fait trop court en se causant du mal,
Ressent de la douleur de mon propre dommage.

CI.

A la moitié du monde l'on me voit nécessaire ;
 Mais pour l'autre moitié je ne lui sers de
 rien ,
Il n'est usage ici plus commun que le mien ,

Et je suis composé de forme & de matiere.

Sans que je sois captif je porte mon lien,
J'ai des bords, & ne suis ni fleuve ni riviere;
Je suis privé de vie, & c'est chose ordinaire
Que l'on fait cas de moi quand je me porte bien.

Sans titre, sans noblesse au climat où nous sommes,
On me voit élevé pardessus tous les hommes;
Je m'abbaisse au bon jour, je m'abbaisse à l'adieu.

Je suis utile au fou, je suis utile au sage,
Devant les grands Seigneurs je suspens mon usage,
Et la civilité me chasse de mon lieu.

――――――――――――――

CII.

MOn usage commun est modeste & reglé,
C'est le fard innocent des naïves pucelles;
D'un art fort ingenu je rends service aux belles,
Et je les sers toujours dans leur deshabillé.

Que le chef soit prudent, qu'il soit écervelé,
S'il a besoin de moi, mes soins lui sont fidelles.
J'ignore ce que c'est que de faire querelles,
Et j'ai tous les matins un nouveau démêlé.

Dans la confusion j'établis un bel ordre;
J'ai de fort belles dents dont je ne sçaurois mordre;
Et quand je me fais voir, je les montre à chacun.

Je m'étends d'un côté, je me serre de l'autre,
Mais quel étonnement devroit estre le vôtre?
Voyant comme j'engraisse estant toujours à jeun.

CIII.

Sans aucun mouvement je me porte en tous
 lieux ,
Je vois distinctement, quoique je sois sans yeux ;
Sans avoir mains ni bras , je suis fort redoutable,
Je porte un corps pesant & ne suis point palpable ;
Je suis touché, je touche, & je n'ai point de
 corps ,
Je suis foible souvent dans mes plus grands efforts.

   Je suis dans un Palais d'admirable structure ,
C'est l'ouvrage des Dieux, l'effort de la nature ;
Et ce superbe lieu qui me sert de maison ,
N'est qu'un sombre cachot, qu'une étroite pri-
 son.

   Dedans cette demeure embarrassé de chaines
Je suis libre, & choisis les plaisirs ou les peines ;
Et sans sortir des fers, je vais jusques aux Cieux,
Je suis toujours en terre & m'approche des Dieux.

   Tous les siécles passés sont de ma connoissance,
Et souvent l'avenir tombe sous ma puissance ;
Je suis l'auteur des maux & des prosperités ,
Et parmi les mortels mes jours sont limités.

   La race des humains à sa perte animée,
Par mon secours combat & défait une armée.
Je vois à mon pouvoir tous les peuples soumis ,
Souvent je suis captif de mes trois ennemis.

   Tout foible que je suis , ma force est sans exemple ;
J'éleve les Autels, je renverse des Temples ;

Je suis parent des Dieux, comme eux je suis sans corps,
Comme eux je suis exempt d'estre au nombre des morts:
Toutefois des mortels je suis les destinées,
Avec eux je commence & finis leurs années.

CIV.

Je gouste le repos dans le creux d'un rocher,
Où les mortels hardis ont peine à m'approcher.
Loin du trouble & du bruit tranquille en ma demeure,
Sans jamais m'affliger incessamment je pleure.

Je sommeille en mon lit sans l'aide du sommeil,
J'ai vécu sans vieillir autant que le Soleil ;
Et jamais dans ce lieu ma beauté n'eut d'atteinte.
L'on m'en voyoit sortir sans aucune contrainte,
Avec un teint d'argent, un éclat plein d'appas,
Faisant naître & mourir les fleurs dessous mes pas.

Les plus chastes beautés qui craignent d'estre vûe,
Souvent dedans mon lit se jettent toutes nues:
Mais les Rois m'ayant fait l'objet de leurs plaisirs
De ma froide beauté j'échaufe leurs désirs.

J'allume dans leurs cœurs un feu sans m'avoir vûe,
Quoique mon corps ne soit qu'une glace fondue,
Pressés de leur amour ils me font rechercher,
Au lieu de ma naissance & dedans mon rocher.

L'ennemi de mon sort ose ouvrir la tranchée,
Pour découvrir l'endroit où je m'estois cachée;

A la fin l'on me prend, l'on me met en prison,
Et de sombres cachots me servent de maison.

 Je tâche à m'échaper; mais il faut que je suive,
Et qu'aux Palais des Rois je me rende captive;
Mon teint vif en ces lieux paroît trouble d'abord,
L'on m'y voit fondre en pleurs par un extrême
  effort:
Sans repos jour & nuit vers le Ciel j'y soupire,
Sans sentir toutefois ni plaisir ni martyre.

CV.

Nos corps sont composés d'une humide ma-
 tiere
Qui trouble & qui ternit la plus vive lumiere;
Ils sont formés d'une eau qui s'engendre à l'en-
 tour
De ces astres brillans qui nous donnent le jour:
Et quoiqu'en un moment nôtre liqueur se fonde,
Elle paroît pourtant aux yeux de tout le monde.

 Souvent ce qui nous fait reçoit de nous le jour;
Quand l'Amour nous produit, nous produisons
  l'Amour:
Nous causons les plaisirs, quand nous venons des
  peines,
Nous faisons des captifs, & nous brisons des chaî-
 nes;
Nous abbatons la force & donnons la vigueur,
Nous fléchissons souvent la plus grande rigueur.

 Enfin dans un moment nos petits corps fluides
Font de plus grands effets que les torrens rapides;
L'on voit en un moment nôtre tendre liqueur
Briser sans faire effort la dureté d'un cœur,
D'un globe de cristal faire sortir des flames,

Et d'une goute d'eau brûler de belles ames;
Faire naître la haine & la forte amitié,
Et n'eſtre toutefois qu'un objet de pitié.

CVI.

Tyran du monde entier, je fomente la guerre
Dans les airs, dans la mer, & ſur toute la terre;
Je vois les Rois trembler ſous ma ſevere loi,
La moindre créature eſt pourtant plus que moi.

Rien ne peut ſurmonter l'effort de ma puiſſance,
Toutefois tant qu'on peut on me fait réſiſtance;
Tandis qu'à mon pouvoir les vivans ſont ſoumis,
On peut voir en tous lieux regner mes ennemis.

Quel eſt donc mon pouvoir? ou quelle eſt ma foibleſſe?
Je renverſe les Rois & la forte jeuneſſe:
Mais un ſimple ſoupir, un mouvement du cœur,
Triomphe de ma force & ſe rend mon vainqueur.

CVII.

Nous ſommes tous des corps, & l'on ne nous voit pas,
On ne ſçait pas trop bien nôtre cauſe & nôtre eſtre;
Ce n'eſt qu'à nos effets qu'on nous peut reconnoître,
Et nos efforts ſouvent ont cauſé le trépas.

Les plus forts contre nous ſont foibles comme verre,

Nous moissonons sans faux les presens de Cerès ;
Nous faisons quelquefois des nuages de terre,
Et faisons voir des champs où furent des forêts.

Nous élevons des monts où l'on voit des abymes,
Nous ostons à la terre, & nous donnons à l'air ;
Nous tuons l'innocent, & nous vangeons les cri-
 mes,
Dieu seul nous peut mouvoir & nous peut arrê-
 ter.

CVIII.

JE me loge souvent auprès d'un champ fertile,
Et mon ventre bruyant est toûjours affamé ;
Je n'aime point les bois, ni le lieu renfermé,
Parce qu'en ces endroits je serois inutile.

J'ai le corps remuant, une jambe immobile,
Et porte sur le front un signe renommé;
D'un esprit furieux mon corps est animé,
Et mieux je suis vêtu, & plus je suis habile.

J'ai le pouls inégal, tantôt trop violent,
Tantôt plus paresseux, tantôt un peu trop lent;
Ne comptez pas sur moi, le caprice me guide.

J'ai le pied dans la terre, & j'habite les airs,
L'esprit qui me conduit excite les Hyvers,
Et j'agis pour chasser la faim du ventre avide.

CIX.

JE brûle de l'amour d'une belle pucelle,
Elle expire pour moi, quand je brûle pour elle:
Nos désirs sont pareils jusques à nôtre mort,
Elle entretient mon mal, & son amour en pleure;
Sitôt qu'elle n'est plus, mon sort veut que je meure;
Je survis un instant par un petit effort.

CX.

JE suis une Cité de charmante structure;
J'ai pourtant contre moi des ennemis si forts,
Qu'ils abbatent mes murs & ruïnent mes forts,
Sans avoir de ma part souffert aucune injure.

L'on est tenté d'abord en voyant ma figure,
De faire contre moi d'agréables efforts.
Mon gouverneur me vend, mes habitans sont morts,
Et comme leur cité je suis leur sépulture.

Les plus fâcheux Hyvers sont pour moi des Estés;
Car je sens des chaleurs de ces lieux écartés,
Que brûle le Soleil sous la Zône torride.

La mer rouge souvent vient arroser mes bord,
Mais j'ai des ennemis dont la fureur avide
Sçait prendre le dedans, & tarir le dehors.

CXI.

SUr un superbe Mont Nature m'a placée;
Je ne puis naître ailleurs qu'en ce noble séjour,
Où l'or le plus souvent quand je parois au jour,
Voit sa belle couleur par la mienne effacée.

Après que mille fois cent pointes m'ont percée,
Et le fer & le feu me gênent à leur tour;
Je lie en cet état les esclaves d'Amour,
Dont par mille baisers je me sens carressée.

Souvent la vanité me charge d'un Trésor,
De riches Diamans, de fleurs de soye & d'or;
Et chaque sexe enfin m'accommode à sa guise.

La regle du Clergé me met en habit court,
Le peuple qui le suit comme lui me méprise:
Mais en revanche aussi l'on m'ajuste à la Cour.

CXII.

JE suis d'un petit monde un petit labyrinthe,
Qu'une épaisse forêt cache ordinairement;
Le bas d'une montagne est mon appartement,
Où l'air seul peut entrer sans aucune contrainte.

Une Dame préside en ma petite enceinte,
Qui ne sçauroit agir que par moi seulement;
Quoiqu'elle soit sans corps, elle a du sentiment,
Et toûjours l'ignorant lui donne quelque atteinte.

C'est à nous seulement que l'on fie un secret,
Parce que nous gardons un silence discret,
Et que rien ne sortit jamais de nôtre bouche.

On me charge à la Cour d'or & de diamans ;
Mais la moindre chanson, dont le bel air nous touche,
A pour nous plus d'appas que tous ces ornemens.

CXIII.

Quoique je semble esclave, on me croit Souveraine
Dans un Palais étroit où je fais mon séjour ;
Là mon corps attaché ne peut paroître au jour,
Sans faire une action indigne d'une Reine.

Je cause le plaisir, & j'engendre la peine,
Ministre de la rage & Ministre d'amour ;
Necessaire en tous lieux, mais sur tout à la Cour,
Où quand j'ai le credit, rien n'échape à ma haine.

Lorsque de mes enfans l'invisible beauté
A dans ses chaînes d'or tout le monde arrêté,
Un Eloge pompeux m'en donnera la gloire.

Souvent quand de beaux yeux secondent mon pouvoir,
D'un simple mouvement je gagne une victoire,
Et j'ose bien aux Rois apprendre leur devoir.

CXIV.

Dans un trône mouvant ma mere m'a fait naître,
Et sans estre cruel j'aime, & répans le sang ;
La pourpre m'embellit, je commande à mon maître :
Dans un monde abbregé je tiens le premier rang.

Quelque fier que je sois, je fais pourtant hommage

A deux freres jumeaux vêtus comme la nuit ;
Et tiens à grand honneur qu'un si bel esclavage
M'ôte la liberté dont l'usage me nuit.

Mille esprits que j'enfante ardens comme la flâme
M'attirent tout ensemble en mille endroits divers,
Et sans m'ôter du lieu dont je conserve l'ame,
Me font en un moment parcourir l'Univers.

Ce qui me fait souffrir prend chez moi sa naissance,
Dans mon propre Palais je suis emprisonné ;
Et sans un grand malheur pas un n'a la puissance
De me faire sortir où je suis enchaîné.

Je loge en même endroit des passions contraires,
La vaillance, la peur, la joie & les ennuis ;
Je n'ai pas une sœur, j'ai million de freres ;
Et quiconque a du cœur, peut sçavoir qui je suis.

CXV.

MA mere est claire & blanche, & je suis sombre & noire ;
Nous naissons parmi vous, & mourons tous les jours :
Au lieu de nous donner un mutuel secours,
Nous cherchons toutes deux l'honneur & la victoire.

Elle par des efforts que l'on ne sçauroit croire,
Me chasse, me poursuit, & m'agite toûjours ;
Moi j'évite ses coups par de subtils détours,
J'amoindris sa grandeur, & j'obscurcis sa gloire.

Mais quand je me défens avec plus de vigueur,

Qu'elle ne jette plus que des traits de langueur,
La nuit qui nous surprend finit nôtre querelle.

Alors chacun nous croit visiblement périr;
Et comme le destin me fait naître avec elle,
Je meurs au même instant que tu la vois mourir.

CXVI.

JE meurs & je renais, & par un sort nouveau
Les lieux où je naquis me servent de tombeau;
Celui qui m'a formé fait l'or, l'argent, le cuivre;
Je suis utile à tous en la guerre, en la paix;
Il me faut enterrer pour me faire revivre;
Et si je ne pourris, je ne revis jamais.

CXVII.

JE marche nuit & jour sans craindre le danger,
Je fais le plus souvent mon séjour à la ville;
Pendant le mauvais temps voulez-vous voyager,
Vous connoîtrez alors combien je suis utile.

Selon l'occasion je change d'ornemens,
Tantôt je suis vêtu d'une riche écarlate,
Tantôt d'un beau velours orné de passemens,
Où l'or de tous côtés assez souvent éclate.

De crainte quelquefois que les brouillars ou
   l'eau
Ne souillent sans respect l'habit dont je me pare,
Je suis toûjours garni d'un assez bon manteau,
Qui des traits du Soleil durant l'Esté vous pare.

Un nombre de valets accompagne mes pas,
Je renferme en mon sein les plus aimables Dames;
La

La fierté que j'inspire anime leurs appas,
Quelquefois de l'amour j'ai soulagé les flâmes.

Je loge le bonheur, & mon malheur surprend;
La fortune de moi cruellement se joue;
Car comme un criminel haut & court on me pend,
Pour me traîner après de mon long sur la roue.

CXVIII.

Les Rois sont mes sujets, les vainqueurs mes esclaves;
Je force les plus forts, je dompte les plus braves;
Contre moi les efforts se trouvent superflus:
Je cause du chagrin, les pleurs & le martyre,
A ceux que ma puissance à me servir attire,
Et je fais plus de mal à ceux qui m'aiment plus.

CXIX.

Souvent on me ravit, mais toûjours je demeure,
Sans passer dans les mains de celui qui me prend,
Je suis le plus petit, mais je suis le plus grand;
Et l'on ne me peut voir, qu'aussitôt je ne meure.

CXX.

EN figure triangulaire,
Je me promene par les champs;
Et quand je caresse ma mere,
Je la gratte avecque les dents.

CXXI.

Sans crainte & sans effroi tout à coup j'obscurcis
La chose la plus claire & la moins inconnue:
Mais en l'obscurcissant, toûjours je l'éclaircis;
Et l'augmente toûjours, quand je la diminue.

CXXII.

Par ma legereté l'on connoît ma finesse,
　Vous me voyez femelle, & mâle je nâquis;
J'ai le peuple sous moi, l'Eglise & la Noblesse,
Et porte quelquefois des ornemens exquis:
Je touche également les Amans & les Dames,
J'accompagne en tous lieux leurs plus secretes flames;
Et souvent les moins purs aiment ma pureté,
Je résiste à Thétis, mais helas! son contraire
Peut d'un traître baiser tout à coup me défaire,
Et détruisant mes fils détruire ma beauté.

CXXIII.

Mon corps sec & menu, sans yeux & sans oreilles,
A des pieds qui jamais ne me sçurent porter;
Bien que j'ignore tout, on me vient consulter,
Lorsqu'on veut commencer les plus hautes merveilles.
Une main me suffit pour aller haut & bas,
Si je monte ou descends, l'on observe mes pas.
Je suis utile en paix, je suis utile en guerre,
L'on connoît mon pouvoir dans le Palais des Rois;

Dans les Temples des Dieux & par toute la terre,
Aux plus fortes Cités je fais suivre mes loix.

CXXIV.

J'Ai grand nombre de sœurs, & je n'ai point de
 frere,
Mais des sœurs qui n'ont pas toûjours mêmes pa-
 rens ;
Car comme nous naissons en des lieux differens,
De même changeons nous ou de pere ou de mere.

Mes membres sont couvers d'un long poil in-
 visible,
Et d'écailles de feu mon corps est tout semé :
Mais bien qu'il soit velu, que le sort l'ait armé,
Tu ne le trouveras ni pesant ni terrible.

Je perds avec l'Esté la force & le courage,
On m'accuse de mordre, & je n'ai point de dents ;
Qui m'entretient me perd, quand les restes ardens
D'un trait envenimé font découvrir ma rage.

Mes pieds servent fort peu pour me rendre mo-
 bile,
Avec tout leur secours à peine fais-je un pas ;
Mais pour me garantir d'un funeste trépas,
J'ai bien d'autres ressorts qui me rendent agile.

Je me fais bien sentir sans aimer à paroître,
Je parcours quelquefois des lieux délicieux ;
Devine qui pourra ; mais sçache que deux yeux
Souvent ne peuvent pas suffire à me connoître.

CXXV

JE suis un Antidote, & je suis un poison,
J'avance le trépas & prolonge la vie ;
Je réveille les sens, & j'endors la raison,
Et je seme la guerre où la paix me convie.

Je suis plein de franchise, & plein de trahison,
Et des pleurs & des ris ma puissance est suivie ;
Je méprise celui qui me tient en prison,
J'excite la pitié, je fais naître l'envie.

Je brouille les amis, & je les entretiens,
J'accrois les revenus, & dissipe les biens,
Je marque en ma couleur & la neige & la flâme.

J'augmente le courage & la temerité,
Je meurs dedans le corps où je conserve l'ame,
Et les plus dissolus aiment ma pureté.

CXXVI.

JE suis eau sans estre liquide,
Je suis une poussiere humide
Qui se forme chez Jupiter.
Ma froideur échauffe la terre ;
Et quand je te viens visiter,
Elle ne craint point le tonnerre.

CXXVII.

JE quitte ma blancheur, & prends le teint d'un
More
Par l'ardeur qui mon sein cruellement dévore;

On me cherche sur tout dans l'afreuse saison,
Je ne possede rien qu'une terre infertile :
Mais on verroit toûjours sans ma faveur utile,
Tous les hommes pleurer en leur triste maison.

CXXVIII.

MA charge est de grand poids, quoique je sois legere,
Je fais part des trésors de la terre & des Cieux ;
J'évente les secrets des hommes & des Dieux,
Et du faux & du vray je suis la messagere.

J'ouvre à cent beaux esprits une vaste carriere,
Qui chatouille l'orgueil de leurs cœurs ambitieux ;
J'ai le mouvement prompt, le vol audacieux ;
Par mon art je sçais plaire ou vraye ou mensongere.

On peut même louer la beauté de mon corps,
Je l'ai net & poli dedans comme dehors,
Je l'ai de la couleur & du lustre d'yvoire.

La beauté d'un oiseau de la mienne dépend,
Mais j'ai le bec tranchant & la salive noire ;
Je jette quelquefois le venin d'un serpent.

CXXIX.

JE suis un bien auteur de plusieurs grands maux ;
Si j'aveugle, pourquoi se plaît-on à ma vûe ?
Ne me conservez point avec tant de travaux ;
Puisqu'avant vôtre mort la vieillesse me tuë.

Malgré mes vains efforts sa haine me poursuit,

J'ai la blancheur des lis, & l'incarnat des roses,
On diroit que ces fleurs sont fraichement éclo-
 ses ;
J'aime à paroître au jour, & l'on m'aime la nuit.

A mon aspect charmant l'éloquence est muette,
Souvent l'on me possede, encor qu'on ne m'ait
 pas ;
Les traits les plus vivans du Peintre & du Poëte,
Ne sont bien animés que par mes doux appas.

CXXX.

JE nais d'une mere étrangere,
 Qui me met au jour sans douleur ;
Bien que de plusieurs coups mon pere
D'un poignard lui perce le cœur,

Mon corps composé de ses larmes
Devroit-il estre précieux ?
L'homme prétend que j'ai des charmes
Qui peuvent appaiser les Dieux.

Triste & malheureuse victime,
Sans avoir commis aucun crime
L'on me consume à petit feu.

Je fais les honneurs d'une fête,
En mourant je monte à la tête ;
C'est ainsi que je dis adieu.

CXXXI.

JE touche de plus près la plus cruelle Dame,
 Qui me découvre à nud ses plus rares beautés ;
Elle approuve toûjours ces grandes privautés,

Et j'ose l'embrasser sans craindre qu'on m'en blâme.

Avec un zele égal je sers l'homme & la femme,
Et le jour & la nuit je suis à leurs côtez :
Mais ils me font souffrir d'étranges cruautés,
Pendant que dans mes bras ils éteignent leur flâme.

Le destin ne veut pas qu'on se passe de moi,
Je loge étroitement même le plus grand Roi,
Je cele les faveurs qu'une maîtresse accorde.

On me trempe, on me bat, on me tord, on me pend,
On me frotte, on me laisse en l'air sur une corde,
Dans un pressant besoin mon possesseur me vend.

CXXXII.

Nous portons en tous lieux la joye & la tristesse,
Les taches au dedans, la blancheur au dehors ;
Et quand nôtre service a fait souiller nos corps,
Ou l'on nous jette au feu, ou l'on nous met en piece.

Nous fréquentons la Cour, nous servons au vulgaire ;
On nous bat nuit & jour, même en toutes saisons;
On nous voit renverser les meilleures maisons :
Mais tout nôtre pouvoir souvent ne dure guere.

Nous avons divers Rois dont l'air est pitoïable,
Les gens les plus hupés recherchent leur faveur ;
Vous voyez que l'un d'eux montre qu'il a du cœur;

D iiij

Que l'autre sçait jouer d'une arme épouvantable.

Celui-ci par des croix prétend se distinguer ;
Celui-là nous étale la brique en son enseigne :
Mais de quelques couleurs que chacun les dépeigne,
Pour les craindre ou chérir il faut extravaguer.

Sans cœur & sans esprit ils agitent vôtre ame,
Souvent ils font regner le dépit qui l'enflâme ;
Ils brillent dans le monde avecque leurs valets,
Leurs habits sont-ils vieux ? ils hantent les laquais.

CXXXIII.

Je suis à toute heure en danger,
Et chacun songe à m'outrager,
Contre toutes les loix de nature ;
Avez-vous jamais entendu
Que l'on condamne à la torture
Celui que l'on a vû pendu.

CXXXIV.

J'Ai des peres souvent de contraire nature,
Je puis trouver ●●●● vie au beau milieu des feux ;
Je la puis rencontrer aussi dans la froidure,
Ou d'un acier tranchant, ou d'un rocher affreux.

La mort finit mon sort d'une vitesse extrême,
Car un même moment me voit naitre & perir ;
Si je brille en naissant, ma mort brille de même,
L'air est ma sepulture, adieu je vais mourir.

CXXXV.

CHacun parle de moi sans sçavoir qui je suis;
Et mon frere que je détruits,
Couronné de pavots, regne toutes les nuits.

Tel me croit bien loin que je touche,
Aux Rois comme aux Bergers je puis fermer la bouche,
D'un beau corps faisant une souche.

Mon pere est ce tyran des saisons & des ans,
Qui devore tous ses enfans,
Et qui fait subsister mon Empire en tout tems.

J'aime comme lui le carnage,
Et pour vous le montrer je voudrois faire outrage
A celui qui fit cet ouvrage.

CXXXVI.

JE meurs au même instant que je commence à naître;
Je vis toûjours coupable, & ma mort seulement
Me peut justifier du mauvais sentiment
Que j'ai donné de moi dès le point de mon être.

J'offense quand je parle, & quand on me fait taire;
Je suis plus dangereux quand je deviens plus doux:
Je nais avec éclat au sentiment de tous,
Cependant ma naissance est honteuse à mon pere.

Avecque les petits je gronde & parle en maître,
Mais avecque les grands je suis plein de respect;
Plus je me veux cacher, plus je deviens suspect,
Et souvent sans parler je me fais bien connoître.

Quand pour estre inconnu, soudain je me déguise,
Le plus hardi me craint & n'ose m'approcher;
Mais on me fuit à tort, je suis mauvais Archer;
Car on voit que jamais je ne frappe où je vise.

CXXXVII.

Sans haine & sans amour j'oblige & desoblige,
Je parle aux naturels, je parle aux étrangers;
Equitable censeur leurs defauts je corrige,
Et ne flatte non plus les Rois que les Bergers.

J'insulte un homme laid sans le mettre en colere,
Je me détruis moi-même en me multipliant,
Je montre au serieux une face severe,
Et rends à qui me rit un visage riant.

Je ne sçaurois parler, & pourtant je conseille,
Je reçois toute chose, & je ne garde rien;
On peut m'injurier, car je n'ai point d'oreille;
Et prends d'un front égal, & le mal & le bien.

Je rejette aussi-tôt tout ce qu'on me presente,
Ma beauté se ternit par les moindres vapeurs;
Jamais Cameleon n'eut l'humeur si changeante,
Car en un seul moment je prends mille couleurs.

Ce que je n'eus jamais à chacun je le montre,
On croit voir un objet, & ce n'est que du vent;
Ceux qui sont imparfais évitent ma rencontre,

Et ceux qui s'aiment bien me visitent souvent.

Mieux qu'un Peintre excellent je forme une peinture,
En un moment je fais grand nombre de tableaux,
Qui seuls ont le pouvoir d'égaler la nature,
Sans l'ayde des crayons, des couleurs, des pinceaux.

On m'aime & l'on me craint en tous les lieux du monde,
Aux plus superbes cœurs je sçais donner la loi ;
Ils suivent mes conseils ; & la moitié du monde,
Pour l'autre assujettir, ne se sert que de moi.

Je suis fragile & fort, je survis à mon maître ;
Ma beauté quelquefois ne dure qu'un seul jour ;
Objet rare & charmant qui me faites la cour,
A tous ces traits divers vous devez me connoître.

CXXXVIII.

MA beauté que tu vois mérite des autels,
Un seul trait de mes yeux imite le Tonnerre,
Je puis avoir un rang parmi les immortels,
Et tout ce qui me forme est venu de la terre.

J'ai l'œil toûjours ouvert, & je ne puis rien voir ;
Je sçais que ma beauté mérite d'être aimée :
Je donne de l'amour, & n'en puis recevoir,
Quoique facilement je puisse estre enflamée.

Nul Amant toutefois ne m'a donné son cœur,
Mais tous estiment fort les traits de mon visage ;
Quoique je ne sois pas plus laide que ma sœur,

Je sçais qu'on l'aimeroit mille fois davantage.

Mais je parois aussi ce que je ne suis pas,
On me vend, on me prête, on me donne, on me vole ;
Et quoique ma bouche ait d'agréables appas,
Elle ne peut former une seule parole.

Je ne sçaurois garder, ni recevoir de foi,
Je suis sourde aux regrets d'un Amant qui soupire :
Et s'il devient si fou d'estre amoureux de moi,
Qu'il ne m'écrive point, car je ne sçais pas lire.

Quoique je sois superbe & brillante en habits,
On estime bien plus les dons de la nature ;
Brillante en diamants, en perles & rubis,
Je puis à peu de frais avoir cette parure.

Sans que je perde rien de ma pudicité,
Je vais effrontement aux lieux où l'on me mande ;
Celui qui peut former l'excès de ma beauté,
Peut former aussitôt la laideur la plus grande.

CXXXIX.

Tandis que deux voisins sans se joindre vêquirent,
Tous deux également des cœurs furent aimés ;
Tous deux enflés d'orgueil & de grace animés,
Partagerent entre eux tout l'honneur qu'ils acquirent.

Tous deux avoient quinze ans à l'heure qu'ils naquirent,
Sur un moule tous deux sembloient estre formés ;
L'un l'autre ils se fuyoient de dépit enflâmés,
L'un à l'autre enviant les conqueftes qu'ils firent.

Bien qu'un Prince pâssat, ils ne s'ébranloient
    point :
Mais enfin leur orgueil s'enfla jusqu'à ce point,
Que leur triste union commença de paroître.

Ils se baiserent tant qu'ils enfirent pitié,
L'amour se nourrissoit de leur inimitié,
Et de leur union le mépris vint à naître.

CXL.

Dans un endroit plus noir que n'est la noirceur
    même,
Où se répand par tout la lumiere du jour ;
Mes tristes sœurs & moi par un malheur extrême,
Souffrons tous les efforts d'un violent amour.

Là chacun à son gré nous voit & nous caresse,
Nous jette, nous reprend, nous chasse, nous
    poursuit,
Et de même que nous se tourmente sans cesse,
Jusqu'à ce que le jour ait fait place à la nuit.

Là chacun animé d'ardeur & de courage,
Méprisant la beauté qui nous faisoit cherir,
Nous souille, nous noircit, nous force, nous ou-
    trage ;
Et nous coupe souvent pour nous faire mourir.

A ces cruels tourmens un autre leur succede,
On nous jette par force en des cachots obscurs ;
Ou bien nôtre bourreau que le démon possede,
Pour nous fixer dans l'air nous fait franchir les
    murs.

Mais pendant nôtre course au spectateur novice,
Nous rendons quelquefois un fort mauvais office.

Captives nous rentrons dans nôtre liberté,
Un habit blanc tout neuf nous rend nôtre beauté.

CXLI.

L'Eau, la terre, le vent, une foible chaleur,
Concourent tous ensemble à me donner au monde ;
Et sitôt que je suis, ma vertu sans seconde
Répand de tous côtez une agréable odeur.

Je reveille le goût, je plais par ma blancheur;
Le Roi me fait garder sur la terre & sur l'onde,
Par moi dans son état son opulence abonde,
Et j'aide à maintenir son luxe & sa grandeur.

Pour donner l'appetit je suis fort necessaire,
On dérive de moi le terme de SALAIRE;
Deux ou trois fois le jour on me presente au Roi.

Je ne puis endurer l'eau, ni la pourriture,
Sitôt qu'on est au monde, on a besoin de moi;
Et je suis répandu dans toute la nature.

CXLII.

JE suis en même tems en plus d'une contrée,
Toutes les nations me font un même accueil ;
Par force en leurs maisons je trouve mon entrée,
Le jeune qui me suit annonce le cercueil.

Quoique je sois fort triste on me voit à la Cour,
Des meilleurs courtisans je suis fort mal reçûe ;
On ne trouva jamais mon entretien trop court,
Et l'on veut me chasser dès la premiere vûe.

Mon pouvoir est fort grand, & je suis fort
 hardie,
Et par tout où je suis l'on ressent mes effets ;
J'ôte la force aux Rois, quand il m'en prend
 envie,
Je bannis le plaisir de leurs cœurs satisfaits.

Au milieu de la Cour & parmi les grandeurs,
Les Rois sont mes valets, lorsque je les visite ;
On les connoît bientôt pour estre de ma suite,
Mais avecque regret ils portent mes couleurs.

Mon Fourrier va devant pour marquer ma de-
 meure,
Et celui qu'il choisit afin de me loger,
Tremble avecque raison ; car il peut bien songer
Qu'usant de ma rigueur, bientôt il faut qu'il
 meure.

Je suis crainte par tout des grands & des petits,
Je séjourne toûjours avec qui plus me donne ;
Et les feux de l'amour par moi sont amortis,
Pour finir mon portrait, je ne suis jamais bonne.

CLXIII.

JE renferme des corps d'une aimable figure,
 Et fais voir ici bas des nouvelles Iris,
Qui ternissent l'éclat du plus vif Coloris,
Qui fut jamais formé des mains de la peinture.

On me métamorphose en frêles diamants,
Tantôt une autre forme anime ma matiere ;
Toûjours mon corps fragile est rempli de lumiere,
Je surprens les esprits par tous mes mouvemens.

J'ai pour mes ennemis & la terre & le feu,
Parmi les élemens l'air tout seul me supporte;
L'eau compose mon corps : mais je suis si peu
    forte,
Qu'il n'est pas surprenant que je dure si peu.

   Quelquefois dans les airs je veux prendre l'es-
    sor,
Mais je ne puis souffrir que quelqu'un me manie :
Et bien qu'un doux Zéphir m'ait inspiré la vie,
Un Zéphir bien souvent me vient donner la mort.

CXLIV.

J'Habite dans les bois, j'y réponds à la bête,
  Et les vieilles maisons sont mes plus beaux Pa-
    lais ;
Je traite également l'esprit fin, le niais,
Une syllable seule est ma réponse honneste.

   Je plais aux grands Seigneurs, je plais aux Ar-
    tisans ;
Ceux qui sont amoureux sont mes vrais courti-
    sans,
L'on me trouve plûtôt aux champs que dans la
    ville.

   Mon logis bien souvent fait redoubler mes cris,
Et je parle en tous lieux la langue du païs ;
Voilà le vrai portrait d'une chose assez vile.

CXLV.

UN bon vieux pere à douze enfans,
Ces douze en ont plus de trois cens;
Ces trois cens en ont plus de mille,
Ceux ci sont blancs, ceux-là sont noirs;
Et par de mutuels devoirs
Un repos éternel dure en cette famille.

CXLVI.

TAntôt beau, tantôt laid, je plais, & je fais peur,
Je ne suis rien du tout, & je suis toutes choses,
Bien souvent véritable, & bien souvent trompeur,
Je suis toûjours sujet à des métamorphoses.

J'évanouis sans mal, & je parle sans voix,
Je vais chez les Bergers, je visite les Rois,
Et je donne aux Amans d'heureuses avantures.

Sçavant Magicien j'instruis les curieux,
J'emprunte en un moment cent sortes de figures :
Mais on ne me peut voir qu'on ne ferme les yeux.

CXLVII.

JE passe pour Monarque au milieu de la Cour,
Toûjours un menu peuple autour de moi criaille;

Mes sujets sont de plume & mon trône est de paille,
Et je suis toutefois le Prophete du jour.

CXLVIII.

JE suis la corde au col étendu sur la roue,
Comme un autre Ixion je tourne incessament :
A me faire marcher lorsqu'un homme se joue,
Je fais courir la poste à qui va doucement.

J'aprens aux plus grands Rois que leur gloire se passe ;
Et tandis qu'on me tient en prison sans pitié,
Je fais bien du chemin, mais en si peu d'espace,
Que l'aîle d'une mouche en couvre la moitié.

CXLIX.

MOn pere dans la guerre & parmi les allarmes
Me tenoit autrefois pour ses meilleures armes :
Mais j'ai changé de maître & de condition,
Et je hais le mélange & la confusion,
J'ai des dents dont jamais je ne mors ni ne blesse ;
J'ai mon frere, dit-on, qui de force ou de gré,
Sur le chef des mortels superbement se dresse,
Je ne l'ai pas encor sous ma dent rencontré.

CL.

NOus sommes deux fois douze sœurs,
Toutes de semblables humeurs,
Mais differentes de visage.

Nous compoſons en Proſes, en Vers;
Dans tous les lieux de l'Univers,
On entend bien nôtre langage.

Nous rendons en un même tems
Mille amoureux contens;
Par nous s'explique leur martyre.

Nous parlons pluſieurs à la fois,
Sans emprunter l'organe de la voix,
Nous exprimons ce que nous voulons dire.

CLI.

LA plus vaillante créature
Qui ſoit dans toute la nature,
A peur lorſqu'elle entend ma voix.

Ma barbe a la couleur des flâmes;
Et je ſuis ſans crainte des loix,
Toûjours mary de pluſieurs femmes.

CLII.

J'Ai toûjours vêcu dans les bois
Sans avoir parole ni voix,
Et pourtant je dis des merveilles.

La Parque m'a rendu ſçavant,
J'étois muet eſtant vivant,
Et mort je ravis les oreilles.

CLIII.

ENcor que j'aye un petit corps,
Il ne faut pas qu'on y regarde ;
Car sans faire beaucoup d'effort
Pourvû que mon maître me garde,
Je garde bien tous ses trésors.

CLIV.

JE ne repose point quand tout le monde dort,
Mon agitation est sensible & palpable;
Et des forces du cœur messager véritable,
J'en fais aux Medecins un fidele rapport.

Lorsque je suis trop foible, ou que je suis trop fort,
La nature en reçoit une peine semblable ;
De mes déreglemens l'issue est redoutable,
Et sans estre cruel je bats jusqu'à la mort.

Je reçois de la fiévre une force nuisible,
Et bien que dans tout sens je sois un insensible,
Je me laisse émouvoir aux passions d'autrui.

J'abandonne le corps de qui l'ame est ravie,
Et marque le moment des heures de la vie,
Vivant avec le cœur & mourant avec lui.

CLV.

Avec un mouvement, juste, prompt, & dispos,
Je m'écoule sans bruit, & je tombe du faîte,
J'obéis à mon maître, & vais selon sa tête ;
Et dans ma fonction je n'ai point de repos.

Ceux qui vendent leurs tems me trouvent à propos,
Afin de les servir je me tiens toûjours prête ;
Au plus petit obstacle aussitôt je m'arrête,
Je sers aux studieux, & je sers aux devots.

Si je ne suis debout je ne fais rien qui vaille,
Pourtant l'on me renverse afin que je travaille :
Mais je ne franchis point certain nombre d'instans.

Je dure en distillant ma poussiere féconde,
Et pour tous mes trésors je ne possede au monde
Qu'une maison de verre où je passe le tems.

CLVI.

Effet inanimé d'une cause vivante,
Je ramene les morts à la clarté du jour ;
Et de tant de Heros l'ingénieux retour
Emprunte de mon art une gloire éclatante.

Je suis le favori de la troupe sçavante,
J'explique les effets du sort & de l'amour,

Par moi plus de mille ans sont l'espace d'un jour,
Celui qui m'a produit ou se cache ou se vante.

   Je parle à l'Univers sans proferer un mot,
J'amuse le sçavant, & j'amuse le sot ;
Ma solide beauté vient de ma doctrine.

   L'ignorance me fuit tâchant de me blâmer,
Je porte bien souvent une trompeuse mine,
Et l'on doit me connoître avant que de m'aimer.

CLVII.

Je suis un abregé des merveilles du monde,
  Ou bien je suis plûtôt moi-même un monde entier ;
En moi chacun pratique un different métier,
On y rit, on y pleure, on y chante, on y gronde.

   De meutres je regorge & de crimes j'abonde,
J'ai l'art de divertir qui craint de s'ennuyer ;
Celui qui me connoit se plait à publier,
Que ma rare beauté n'eut jamais de seconde.

   Une Nymphe qui court sans jamais se lasser,
M'apportant l'abondance aime à me traverser ;
Que de charmes en moi sans cesse l'on découvre !

   Paradis de plaisir, & Temple de l'Amour,
Bien que je sois fort vieux je crois de jour en jour,
Et j'ai sans estre Roi mon Palais & mon Louvre.

CLVIII.

JE suis fille des Dieux, & je fais par mes charmes
  Les délices du peuple & les plaisirs du Roi ;
J'ai l'art de faire rire & d'exciter des larmes,
Et j'ai cent mille enfans qui ne sont pas de moi.

CLIX.

D'Ans une prison claire & noire
  Je me promene incessament ;
Ceux qui n'aiment que mon tourment,
Cherchent plus le plaisir, qu'ils ne cherchent la
  gloire :
  Je suis faite à force de coups,
Et durant que je vis, mon sort n'est pas plus doux.

CLX.

NOus sommes aux mortels d'un excellent
  usage,
Nous sommes bien des sœurs & toutes de même
  âge ;
Comme à vous nous servions à vos predecesseurs,
Nous ne produisons rien, si l'on ne nous assemble;
Et la gloire immortelle anime nos labeurs,
Mais pas une de nous à l'autre ne ressemble.

  Nous ne demandons point qu'on garde un ordre
    exprés ,
Qu'on choisisse l'endroit où nous sommes placées;

Tantôt l'une est devant, tantôt elle est après,
Et chacun nous arrange au gré de ses pensées.

 Nous souffrons tous les jours pour nous rendre commodes,
Que plusieurs nations nous forment à leurs modes :
On nous voit tout d'un coup en mille endroits divers ;
Et par un autre effet aussi rare à connoître,
Depuis deux cens Soleils nous voyons l'Univers,
L'on peut à tout moment nous y faire encore naître.

 Nous avons en dépost les plus anciens oracles,
Nos plus communs effets égalent les miracles ;
Nous donnons aux muets les moiens de parler,
Et de faire éclater leur science profonde,
Sans qu'aux pays lointains il soit besoin d'aller,
On y peut par nôtre art parler à tout le monde.

 Sans langue bien souvent nous disons des merveilles,
Aussi pour nous entendre il ne faut point d'oreilles ;
On nous fait éprouver un soudain changement,
Le fer, le feu, le sang, l'or, l'argent, la peinture,
Peuvent nous faire éclorre assez diversement,
Sur une couche molle, ou bien sur une dure.

 Divines quelquefois, & quelquefois profanes,
Nous servons aux Venus, nous parlons pour les Dianes ;
Nous exprimons l'amour, la haine, le mépris,
Nous racontons des cœurs l'étrange sympathie;
Nous rendons immortels Messieurs les beaux esprits,
Contre eux nous soulevons souvent l'antipathie.

CLXI.

CLXI.

Je suis d'une forme bizarre,
Petite, & sans appas ;
Je donne ce que je n'ai pas
A celle que je pare.

CXLII.

Je suis produit des fleurs d'un funeste feuillage,
Qui sert à l'ornement des tombeaux des mortels.
Je consume mes jours dedans mon propre ouvrage,
Que le devot consacre à parer les Autels.
Mon travail est cheri des plus ambitieuses,
Je change de nature en trois diverses fois ;
Et comme ma naissance est des plus glorieuses,
Mon sepulcre est plus beau que n'est celui des Rois.

CLXIII.

Depuis que je suis née on m'a vû sans repos,
Toujours renouveller ma course vagabonde;
Et celui qui me fit en prononçant deux mots,
M'obligea de courir jusqu'à la fin du monde.

CLXIV.

Dans un riche tombeau je reçois la naissance ;
Mon bonheur doit venir d'un sort capricieux:
Un coup fatal me rend à la clarté des Cieux ;
Ma mere par sa mort fait naître ma puissance.

E

Quand le Ciel me produit d'une douce influence,
Je rencontre auſſitôt mille objets odieux ;
L'orage qui toujours ſe préſente à mes yeux,
M'ôte d'un ſort heureux la flatteuſe eſperance.

Ma beauté me ſouſtrait à de ſi dures loix,
Et changeant mon cachot dans le palais des Rois,
Au-deſſus de leur tête y va choiſir ma place.

La Déeſſe Venus m'appelle dans ſa Cour,
Je préſide en des lieux où préſide l'Amour ;
Et quelques beaux qu'ils ſoient, j'y donne de la grace.

CLXV.

JE ne dois qu'au larcin le bonheur de mon être,
Et j'empêche pourtant qu'on n'en commette aucun :
Le jour me fait mourir, & la nuit me fait naître ;
Je mets les corps en vue, & je n'en vois pas un.

Je donne ſans rien perdre, & reçois ſans rien prendre ;
Je n'aime point le jour, quoiqu'il ſorte de moi ;
Les lieux les plus ſacrez ſont gardiens de ma cendre ;
Je pare les Autels, c'eſt mon brillant emploi.

Je pille à l'Orient une de ſes richeſſes,
Qui ſert d'ame à mon corps & de bois à mes feux ;
On m'appelle aux plaiſirs des plus grandes Princeſſes,
Et jamais qu'une fois je n'aſſiſte à leurs jeux.

J'accompagne les vifs & ſur mer & ſur terre ;
Et je conduis les morts aux portes des enfers ;

Je sers durant la paix, je sers durant la guerre :
Mais le tems de mon regne est celui des Hyvers.

Je mesure le tems, & c'est lui qui me tue ;
Et je suis des grandeurs le symbole éclatant ;
Après quelques momens ma vigueur abbatue
Sert d'emblême aux mortels & de jouet au vent.

Enfin je sers mon maître avec un zele extrême,
Sans en avoir pourtant aucune ombre de bien
Je perds en le servant & mon temps & moi-
  même,
Et demeure invisible, une fumée, un rien.

CLXVI.

Notre grand nombre occupe une petite place,
  Nous remplissons les lieux dont on fait plus
  de cas,
Nous sommes agitez, sans être jamais las ;
Nous croissons, & mourant ne laissons point de
  race.

Trois sortes de couleurs nous donnent de la
  grace :
La blancheur met au jour ce qu'on ne voudroit
  pas.
Etre tors & courbez sont nos plus grands appas,
Et le piege charmant qui tant de cœurs enlace.

Nous naissons sans honneur, néanmoins les
  mortels
Nous consacrent chez eux de somptueux autels,
Préférant nos faveurs à l'or d'un diadême.

Mais quoique notre maître enferme notre sort,
Néanmoins bien souvent par un bonheur extrême
Il meurt, & nous vivons longtemps après sa mort.

CLXVII.

Celui qui me produit me fait toujours la guerre,
Il me poursuit sur mer, il me poursuit sur terre;
Il ne me donne point un moment de repos.
Plus il me voit de près, plus il me diminue :
J'amuse les enfans, je fais peur aux chevaux;
Et par moi la peinture est au monde connue.

CLXVIII.

Quand je marche au labeur, mes dents me font passage,
Et toujours en mordant je me laisse agiter :
Mais mon corps maigre & plat rend un bon témoignage,
Que tout ce que je prens ne me peut profiter.

CLXIX.

L'On ne connoît en moi fin, ni commencement;
Neuf dissemblables Sœurs m'accompagnent & m'aident :
Tout seul je ne vaux rien, mais quand elles précedent,
On peut me faire alors valoir infiniment.

CLXX.

Je suis un corps sans ame, & j'ai du mouvement :
Je m'arrête aussitôt qu'un indiscret me touche;
Je sçais marcher sans pieds, je sçais parler sans bouche,

Et sans sortir d'un lieu je cours incessamment.
Ce que je ne sçai pas je puis même l'apprendre,
Et lorsque je me tais je sçai me faire entendre.
Je parle avecque regle, & je suis sans raison
Un severe tyran me tient dans sa puissance :
Et bien que le Soleil m'ait donné la naissance,
   J'habite une sombre prison.

CLXXI.

JE quitte mes parens afin de les revoir ;
Un plus subtil me porte, un plus puissant m'attire,
Et quand je parois noire, un chacun se retire.
Invisible de près, de loin on me peut voir :
Une frêle beauté dessus moi l'on voit naître,
Qui précede les pleurs que je verse souvent.
Tantôt je disparois, tantôt je semble croître,
Et ma forme en un mot ne dépend que du vent.

CLXXII.

LA Noblesse est le sort du pere qui m'engendre,
Ma mere en me formant n'est pleine que de vent :
La rigueur du destin me détruit bien souvent :
Mais comme le phœnix je renais de ma cendre,
Je possede à la fois foiblesse & fermeté :
Pour me faire observer la regle & l'équité,
La nature fournit son plus brillant ouvrage.
Je ne veux point que l'ombre accompagne mes pas:
Je sers de porte au jour & d'obstacle à l'orage,
Et les plus beaux palais sans moi n'ont point d'appas.

CLXXIII.

JE viens sans qu'on y pense,
Je meurs en ma naissance;
Et celui qui me suit,
Ne vient jamais sans bruit.

CLXXIV.

Quelques traits dont se vante un visage char-
　mant,
Sans moi l'on trouve à dire aux beautez d'une
　Dame :
Quand je me montre un peu, je consume un amant;
Et si je parois trop, l'autorité me blâme.

　Lorsqu'un doigt amoureux me presse douce-
　　ment,
Je sens un prompt desir qui se glisse en mon ame;
Et nouveau Montgibel j'exhale en un moment,
A travers de la neige, un esprit tout de flâme.

　Pour aider la nature en son noble travail,
Dans un petit palais d'yvoire & de corail,
J'exprime mon fardeau par un bouton de rose.

　Au moindre coup je souffre une extrême dou-
　　leur,
Et je suis bien souvent tout rempli d'une chose,
De qui je ne voudrois porter que la couleur.

CLXXV.

NOus sommes pour le moins cinquante & da-
　vantage,

Réduites par le sort dans la captivité :
Mais un filet rompu nous met en liberté,
Qui se change pourtant dans un autre esclavage.

Comme nous épousons la fortune volage,
Nous faisons éprouver notre inégalité :
Et quoique nous n'ayons malice, ni bonté,
Nous causons tour à tour du profit, du dommage.

Notre regne s'étend en mille & mille endroits,
Nous avons parmi nous des Reines & des Rois,
Qui souvent sur le sort exercent leur empire.

Mais Dieux ! nous essayons un destin violent,
Nous tombons quelquefois aux mains d'un insolent,
Qui nous foule à ses pieds, nous brûle, ou nous déchire.

CLXXVI.

JE suis par les mortels une idole adorée,
Le pere qui m'engendre est bien plus beau que moi :
Pour ma mere, elle n'a nulle beauté dans soi,
Si de ses ornemens on ne la voit parée.

Trouve-t-on quelque fort dont je n'ouvre l'entrée ?
Hé qui pourroit comprendre où s'étend mon emploi ?
Je fléchis la cruelle, & je lui donne un Roi :
N'ai-je pas abbattu la puissance d'Astrée ?

Le temps cruel par qui rien ne fut respecté,
Tente en vain de ternir l'éclat de ma beauté :

Je regne également sur la terre & sur l'onde.

Je suis l'objet flatteur des plus ardens souhaits;
Mais mon âge pourtant est passé dans le monde,
Et l'on n'espere plus qu'il retourne jamais.

CLXXVII.

JE suis une maison d'un foible fondement,
 Soit que l'on s'y repose, ou que l'on s'y mor-
  fonde;
Je me vante en tout temps d'y porter tout le
  monde;
On voit regner chez moi le Dieu d'enchantement.

 Mes murs sont toujours faits d'une pierre flo-
  tante,
Que le plus petit vent fait mouvoir à son gré;
De tous mes pilotis pas un n'est enterré,
Ils sont fermes pourtant dans l'attaque galante.

 Je reçois dans mon sein le Berger & le Roi;
Il m'importe bien peu lequel d'eux soit mon maî-
  tre,
Et mon amour égal pour eux aime à paroître:
En guerre comme en paix on a besoin de moi.

 Je charme les ennuis & du corps & de l'ame,
Et toujours favorable à la douce Venus,
On me voit toujours prêt à seconder sa flâme,
A celer ou montrer ses appas inconnus.

 Je touche aux charmes nuds des Dames les plus
  belles,
Sans cesse je jouis de cette privauté;
En baisant leur beau sein, j'ajoûte à sa beauté,
Et joins à leurs appas mille graces nouvelles.

La nuit regne chez moi, même au milieu du jour,
Et sous mon tendre toit on est en assurance:
On me pourroit nommer le trône du silence,
S'il n'étoit pas souvent diverti par l'amour.

L'Amant par mon secours fléchit son inhumaine,
Et lui fait soulager son amoureux tourment:
Témoin de leurs plaisirs je n'éprouve que peine,
Quoique je sois docile à leur commandement.

CLXXVIII.

TRiste fille en tout temps d'une mere éclatante,
J'erre par l'Univers sans aucun vêtement,
En cette nudité j'ai grand nombre d'Amans,
Et pas un d'eux pourtant sur mon honneur attente.

Sans main & sans pinceau d'une adresse savante
Je peins hommes, chevaux, arbres & bâtimens:
Et je prête aux tableaux leurs plus beaux agrémens:
Cependant dedans moi je n'ai rien qui contente.

Qui me fuit je le suis, & je fuis qui me suit.
Mon pere sans dessein me fait & me détruit,
Je suis par son moyen un rien & toutes choses.

Les Dames fort souvent m'implorent contre lui;
Je défens leurs appas, & sans mon grand appui
Elles verroient ternir & leurs lys & leurs roses.

CLXXIX.

JE suis la merveille du monde.
Les plus rares beautez, les plus riches trésors,
S'étalent dans mon vaste corps,

E v

Où tout bien & tout mal abonde.
J'ai par toute la terre un célebre renom,
Des petits & des grands mon sein est le refuge :
Devinez qui je suis ; l'on me donne le nom
    D'un berger, d'un Prince, & d'un Juge.

CLXXX.

Mere de mille enfans que la terre me donne,
Pour voir ce que je porte, il faut ouvrir
    mon corps ;
La nature en naissant m'a fait une couronne,
Et dessous mon écorce a caché mes trésors.

CLXXXI.

Je fais beaucoup de bruit pour qui m'entend
    le moins,
Je dois donc étourdir celui qui veut m'entendre ;
Je suis logé bien haut d'où je ne puis descendre :
Si je fais bien ou mal, ce n'est pas sans témoins.

Du Financier qui dort je réveille les soins,
Je surprens quelquefois, on ne me peut surpren-
    dre ;
Celui qui me gouverne est forcé de me prendre,
S'il veut que je le serve en differens besoins.

Je suis sans foi, sans ame ; il faut que l'on me
    tienne,
Par mon col, par mes bras, quand on me fait Chré-
    tienne,
Je n'en sçais la créance en aucune façon.

Je reçois au Baptême & Parain & Mareine,
L'un m'appelle Guillaume, & l'autre Madeleine;
Et je ne suis pourtant ni fille, ni garçon.

CLXXXII.

JE suis petit & grand, je suis un & plusieurs,
 Heureux, & malheureux, triste, & rempli de joie;
D'un monstre dévorant je suis toûjours la proie,
Je nais en un climat & vais mourir ailleurs.

Je suis sous le pouvoir du froid & des chaleurs,
En même tems je brûle, en même tems je noie:
Tout le monde me voit sans que jamais je voie,
Ma beauté sert de lustre à toutes les couleurs.

Apprenez que je fais l'ornement de Versailles,
On a besoin de moi pour donner des batailles,
Pour traiter de la paix, pour couronner un Roi.

Aussi vieux que le monde, & l'air, & la lumiere,
Je sortis avec eux de la masse premiere;
Sans eux je ne suis rien, eux ne sont rien sans moi.

CLXXXIII.

JE suis fille d'un Monstre & suis pourtant si belle,
Que rien en l'Univers ne me peut surmonter;
Et l'art ingénieux ne peut rien inventer
Qui puisse rehausser ma beauté naturelle.

Ma mere par son art me retient auprès d'elle,
Pour m'ôter les moiens de la pouvoir quitter,
Elle a construit un fort que Mars n'ose insulter ;
Et j'y suis en prison comme une criminelle.

De bien loin mes Amans me viennent dégager,
Risquant en ma faveur le plus afreux danger ;
Rien ne coûte à l'amour dont leur ame est ravie.

Ils me donnent la mort avec la liberté :
Mais la mort ne sçauroit effacer ma beauté ;
Et je ne vois le jour qu'en sortant de la vie.

CLXXXIV.

Quand nous nous assemblons, l'artifice des hommes
Nous fait changer de nom, de sort, de qualité :
Vous nous voyez ici cinquante que nous sommes,
Sans pouvoir découvrir nôtre subtilité.

CLXXXV.

Je suis Egyptienne, & je meurs vagabonde,
Je suis foible & petite, & redoutable aux Rois ;
Je me plais au carnage, & sans craindre les loix
Je m'assouvis de sang sur la terre & sur l'onde.

Je passe tout mon tems à tourmenter mon pere,
Je le baise, & le mords, & le rends furieux :
Lorsqu'il me croit tenir, je me cache à ses yeux ;
Mais à la fin sa main m'immole à sa colere.

CLXXXVI.

JE nâquis dans la terre, & je travaille en l'air,
Au seul bruit que je fais j'étonne les Provinces,
Necessaire aux Soldats & necessaire aux Princes :
Mais sans l'aide d'autrui je ne sçaurois parler.

J'ai deux bouches, un corps, & je n'eus jamais d'yeux,
Je suis quelquefois bonne, & quelquefois mauvaise,
Je ne suis propre à rien, si quelqu'un ne me baise;
Et fais souvent périr ceux qui m'aiment le mieux.

Des peuples tous entiers fléchissent sous mes loix,
Je glace le poltron, j'échaufe le courage;
Je cause sans horreur le plus afreux carnage,
Et je le fais cesser par le son de ma voix.

Par moi le cœur pesant est vif, prompt & dispos,
Je sers en même tems l'un & l'autre adversaire;
Ils apprennent de moi tout ce qu'ils doivent faire,
Et suis contraire à ceux qui cherchent le repos.

CLXXXVII.

PAr le fer traversée au beau milieu du corps,
Je suis pendue en l'air, & mes enfans se noyent.
Deux malheureux jumeaux que les humains envoyent,

Pour leur propre salut aux ténebres des morts.

 Dessus le col je porte une chaîne pesante,
Par où je les ramene à la clarté du jour ;
Dès que je suis pour l'un active & bienfaisante,
L'autre aussitôt se plaint de mon marque d'a-
 mour.

 Fut-il jamais destin plus triste que le nôtre ?
Je n'en puis sauver un qu'étant contraire à l'autre,
Celui que j'ai sauvé revoyant la clarté,
Vomit comme un torrent l'eau dont sa panse est
 pleine.

 Alors je me repose, & je reprens haleine ;
Mais l'autre cependant se perd d'autre côté :
Roulant donc sur moi même, & sur ma vieille
 trace,
De rechef je retourne à mes premiers travaux.

 Pour fruit de mon ardeur qui jamais ne se lasse,
Je ne puis recueillir qu'une chaîne de maux.
Tantale que je suis, l'onde fuit de ma bouche,
Elle vient droit à moi, mais jamais ne me tou-
 che.

CLXXXVIII.

DE la chair des mortels nos cinq bouches
 sont pleines,
Et nous en jouïssons en hyver à souhait ;
Si nous perdons un frere, alors chacun nous hait,
Nous jettant en un coin au rang des choses vai-
 nes :
Dociles nous faisons par ordre des humains
Presque tout ce qu'ils font avec leurs propres
 mains.

CLXXXIX.

Eusses tu plus d'esprit qu'homme de l'Univers,
Une difficulté le pourroit seule abbatre ;
Afin de me construire, il en faut joindre quatre,
Qui suis-je ? me voilà, grace à ce dernier vers.

CLXC.

On me vient consulter pour sçavoir les saisons,
Et quand le Soleil entre en ses douze maisons,
De la Terre & du Ciel je sçais les destinées ;
Et plus je suis nouveau, plus je marque d'années.

CLXCI.

Charmante Fleur l'objet de mille soins,
Qui s'en va sans laisser des traces de l'absence ;
Qui prétend te cueillir, s'il n'est plein d'impudence,
Choisit l'obscurité, se dérobe aux témoins.

Après un certain tems tu deviens immortelle,
Et qui te possedoit ne passe plus pour belle ;
Qui te garde & te perd, demeure sans honneur.
Tu nais également aux champs & dans la ville :
Mais tu vis dans les champs avec plus de bonheur;
Et si l'on ne te perd, tu deviens inutile.

CLXCII.

J'Ai la tête legere, & le reste pesant,
Et sans tête pourtant j'irois beaucoup plus vîte;
La plume qui m'arrête une guerre suscite,
Où dans les deux partis je me trouve present.

Je vais comme on me pousse, & toutefois je volle,
Tantôt un coup m'éleve, & tantost il m'abbat:
Mais je tombe plus bas si l'on manque au combat;
Et dans mon triste sort un seul point me console,
Qu'en voulant sur le champ me rendre mon emploi,
Qui veut me relever, souvent tombe après moi.

CLXCIII.

JE viens presque de rien, & bien courte est ma vie,
Et l'homme & le Soleil me font également;
De tant de changemens ma jeunesse est suivie,
Qu'on ne me connoît plus près de mon monument:
Petit, je n'ai souci que de ma nourriture;
Grand, le luxe m'enferme en un riche tombeau,
D'où je reviens enfin comme en un corps nouveau:
Et jouïssant des droits d'une essence plus pure,
J'ai des aîles alors pour m'élever aux Cieux.
Je suis plein de lumiere, & blanc ainsi qu'un Ange:
Mais à peine cet Ange a t-il ouvert les yeux,
Que laissant de sa race, ô destin trop étrange!
Il tombe sous l'effort du trépas envieux.

CLXCIV.

MOn nom, mon trifte nom vous trouble &
vous étonne,
De ma laideur afreufe on eft épouvanté ;
Je ne me nomme point, voyez fi je fuis bonne
De vouloir épargner votre timidité.

Mais fi je cache ici le nom que l'on me donne,
Et fi j'ofe encor moins paroître à la clarté
Qui brille dans vos yeux, & qui vous environne,
Que mon eftre du moins vous foit repréfenté.

Ma mere me produit auffi parfaite qu'elle,
Et me nourrit après du lait de fa mammelle ;
Ces effets fort communs font merveilleux en
nous.

Je vole, & fuis fans plume, & quiconque me
touche,
Il éprouve à l'inftant que j'ai des dents en bouche:
Mais je n'ai d'ennemis que le Soleil & vous.

CLXCV.

JE fers affidûment ceux de qu' je fuis maître,
Ils font tous mes fujets fans obferver ma loi;
C'eft de moi feulement qu'ils reçoivent leur être,
Je travaille pour eux, & ne fais rien pour moi.

Reglement chaque jour, je tue & reffufcite
Ce qui n'ofa jamais paroître devant moi;
Ce que je vois toûjours fuit fi fort ma vifite,

Qu'il semble à mon aspect estre glacé d'effroi.

J'engendre des enfans d'une inégale mere,
Qu'il faut de vive force arracher de ses flancs :
Elle est de très-bas lieu, mais la grandeur du pere
Fait qu'en terre il n'est point de si nobles enfans.

Du prix de ces enfans la mere est achetée,
Ils causent bien souvent de furieux combats :
Par tout presque leur gloire est ici-bas vantée,
Mais où je les produis on ne les connoit pas.

J'ai plusieurs beaux Palais de divine structure,
A qui l'or & l'azur font de superbes dais ;
Les plus riches trésors qu'ait produit la nature,
Je n'y séjourne point, & je n'en sors jamais.

CLXCVI.

J'Ai pour meres souvent l'injustice & l'envie,
Et malgré l'équité chacun me peut trouver ;
Je prise autant celui qui veut m'ôter la vie,
Que celui qui prend soin de me la conserver.

Telle Ville sans moi seroit presque déserte,
Quelquefois j'ai raison, & quelquefois j'ai tort ;
Tel me hait qui redoute extrémement ma perte,
Et qui m'aime souhaite à toute heure ma mort.

Je nourris les plaisirs, & maintiens la cuisine
De ceux qui sont chargés de me faire mourir :
Au contraire mon art engendre la ruïne
De celui qui m'enfante, & qu'on voit me nourrir.

Je ne vais qu'à grands frais, je fais grande dé-
pense,

Sans boire ni manger & sans estre amoureux ;
Je dissipe aussitost la plus grande finance,
Et pour moins de dix sols j'ai des habits tout
 neufs.

Vous pouvez remarquer que jamais je ne hante
Que ceux qui par leur bien me peuvent maintenir;
Et jamais on ne voit que les jeux je fréquente,
Si ce n'est seulement pour les faire punir.

Bien souvent en mourant je fais vivre mon pere,
Quelquefois avec lui son trépas m'est commun :
Mais lorsque je suis mort, le plus souvent ma
 mere,
Comme d'une Hydre en fait naître plusieurs pour
 un.

CLXCVII.

JE suis la source de l'estime,
 Je la conserve & je la perds ;
Et le plus souvent si je sers,
 C'est pour la mort, c'est pour le crime.

D'un ressentiment légitime,
Je vange les affronts soufferts ;
Il me faut un cœur & des nerfs,
Je n'ai rien de ce qui m'anime.

Une étroite & longue prison
Me retient avec raison,
Et libre je frappe la vûe.

On m'a Vierge en mauvais odeur ;
Et quoique je sois sans pudeur,
Je rougis quand on me voit nuë.

CLXCVIII.

EN habit déguisé, fugitive, inconnue,
Je vais toûjours de nuit le voile sur les yeux :
Mais j'ai beau me cacher, mes Amans curieux
Avec un peu d'effort me verront toute nue.

Si je leur suis aimable avant d'être connue,
Voyez de mon destin le sort capricieux :
A peine ils m'ont rendu leurs soins ingénieux,
Que je cesse de plaire exposée à leur vûe.

Il est vrai que d'abord j'irrite leurs désirs,
Sans leur causer enfin ni peines ni plaisirs,
Et l'amour s'affoiblit, quand il ne peut s'accroî-
tre.

J'ai de bonnes raisons pour me cacher toûjours,
Et si l'obscurité fait mes seules amours ;
Il m'en coûte la vie à me faire connoître.

CLXCIX.

APrès qu'on m'a tirée hors du sein de ma mere,
On me jette au travers de mille & mille
feux ;
Pour me donner naissance il faut que l'on m'en-
terre,
Dont je rends quelquefois mon pere tout honteux.

Si j'ai la corde au col, ce n'est pour aucun
crime,

d'Enigmes.   117

Mon fils qu'à tout moment j'embrasse & je cheris,
En lutteur qui se bat dans mon ventre s'escrime,
Et ses coups redoublés font redoubler mes cris.

Je suis ferme & fragile, & la moindre ouverture
Suffit pour m'enrouer & finir mes destins ;
Mon usage n'est long qu'autant que ma voix dure,
Transparente je sers aux hôtes des jardins.

Je ne suis bonne à rien, si je ne suis pendue,
Je suis utile aux champs, à la ville, à la Cour :
Pour me faire chanter il faut que je sois nue,
Et sans sortir je vais la nuit comme le jour.

CC.

Convenit ut fratrem cognoscas atque sororem,
Rerum in naturâ qui sunt sine matre, sed & si
Ex eodem patre, non eodem sunt nomine ; frater
Per campos urbesque ruens se jungit ad omnes.
Juncta soror nulli vix ambulat ade reclusa ;
Delubrum quandoque tamen mane itque reditque,
Auricula surgunt fratri, desuntque sorori.

Il est bon qu'on connoisse & le frere & la sœur,
Qui sans mere tous deux sortent d'un même pere ;
Ils ont sous divers noms un même ministere,
Le frere court les champs, la ville avec ardeur.

Mais la sœur sedentaire au ménage conspire,
A la Messe pourtant on la voit quelquefois ;
Tous deux sont consacrés aux Princes, aux Bour-
    geois,
Les oreilles du frere en la sœur sont à dire.

CCI.

Né d'un homme adultere, & pourtant légitime,
Fruit innocent d'un double crime ;
Fils à la fois d'un Berger & d'un Roi,
Et conçû sous le sac, & sous le Diadême ;
Mon pere en engendra grand nombre comme moi,
Je suis le cinquantiéme.

Tant d'enfans ne pouvoient estre de même humeur,
Mes freres la plûpart ont un air d'allegresse ;
J'en ai six comme moi toûjours dans la tristesse,
Et toûjours dans le deuil ;
Mais de sept on me croit le plus considerable,
Et l'on m'entend souvent gémir près du cercueil
Crier merci pour le coupable.

Composé de soupirs & de gémissemens,
En substance voilà mon être :
Mais réconcilier l'esclave avec le maître,
C'est-là l'unique objet de mes empressemens.

Pensez-y donc, lecteur, il est dans la semaine
Un certain jour
Où bien des gens sentiroient moins de peine,
Si j'estois une fois plus court.

Dans certains Tribunaux appaisant la Justice,
Un criminel qui veut rentrer dans son devoir,
De son Superieur respectant le pouvoir,
N'a souvent que moi pour supplice.

CCII.

JE suis dans le milieu du monde,
 J'ai quatre pieds dans un tonneau ;
Je ne suis point en terre, encore moins dans l'eau,
 Et cependant je suis dans l'onde.

Je dis fort souvent non, & ne dis jamais ouy,
Je suis en même tems la tête d'une anguille ;
 Et la queue au serpent
 Jamais pourtant je ne fretille.
 Or devinez mon sort plaisant.

CCIII.

INconstante & legere,
Je me fais aimer constamment ;
Et le plus agréable Amant
Sans moi ne sçauroit plaire.

 Fille de roturier,
Des plus nobles galans je reçois les hommages,
 Je cede aux fous, & je commande aux
  sages ;
 Je ne fais rien & suis de tout métier.

La raison contre moi n'est jamais la plus forte,
Le Roi même a souvent reconnu mon pouvoir ;
Je décide à la Cour de tout sans rien sçavoir,
Et malgré les sçavans mon suffrage l'emporte.

 On ne sçauroit compter mes ans,

Mon extrême vieilleſſe
Eſt égale à celle du tems ;
Je plais pourtant par ma jeuneſſe.

CCIV.

Mon corps de bizarre figure
   Etale quelquefois une riche parure ;
Et quoiqu'avec plaiſir il arrête les yeux,
Ce n'eſt gueres par là qu'il plaît aux curieux.

  De langues j'ai grand nombre, & n'ai point de langage,
Je ne ſuis point ſans ame, & ſuis inanimé ;
La voix s'unit à moi par un doux mariage :
Ce terrible métail dont l'homme s'eſt armé,
Qui coûte tant de ſang, & cauſe tant d'allarmes,
Eſt l'heureux inſtrument qui fait ſentir mes charmes ;
Et la plume qui ſert aux oiſeaux à voler,
    Ne me ſert qu'à parler.

CCV.

Je ſuis en vogue en France, & n'y ſuis pas fort rare :
Mais quand je ſuis commun on ne m'eſtime pas ;
   Je ſuis habile, & par un ſort bizarre
   Je fais ſouvent mon plus grand embaras.

Il n'eſt rien que je n'oſe, & ne puiſſe entreprendre,
Quand je parois oiſif, je travaille en effet ;

Et mon travail fini, je ne sçaurois comprendre
 La maniere dont je l'ai fait.

Je suis de tout métier dans la paix, dans la
 guerre,
 Sans moi l'on ne fait rien de bon ;
Je puis facilement courir toute la terre,
 Et je suis toûjours en prison.

Par tout on me recherche, on m'estime, & l'on
 m'aime,
Tout le monde à l'envi me trouve plein d'atraits ;
Tenez, cherchez-moi bien, prenez un soin extrême;
 Si je ne me trouve moi même,
 Vous ne me trouverez jamais.

―――――――――――――――

CCVI.

J'Ai longtems soutenu ma mere,
 Qui m'a perdue en se sauvant ;
J'ai des sœurs à foison, sans avoir un seul frere,
 Ni rien qui paroisse vivant.

Mes sœurs & moi nous faisons des querelles
 Qu'on craint autant que des duels,
Les traits que nous lançons, s'ils ne sont pas mor-
 tels,
 Engendrent des haines mortelles.

Fieres comme des Amazones,
 Nous nous attaquons aux Etats ;
Et sans nous ménager avecque les Couronnes,
 Frondons Edits & Magistrats.

C'est nous qui remplissons, ou qui vuidons la
 bourse,

F

Qui faisons revivre les morts ;
Et dont il faut souvent fendre & fouiller les corps
Pour faire durer nôtre course.

CCVII.

Mon ambition m'est fatale,
Je joüis peu d'un destin glorieux;
Et tout le brillant que j'étale,
N'éblouit qu'un moment les yeux.

Condamnée à perir sans estre criminelle,
Je sçais plaire aux mortels dans mon malheureux
　　sort;
Et souvent le jour de ma mort
Est une fête solemnelle :
D'abord assez patiemment,
Je souffre un cruel traitement,
Dont le peuple ne fait que rire.

Mais à la fin j'éclate & me plains hautement,
Dans ce fatal moment j'expire ;
Mon trépas est rempli d'attraits,
Souvent les efforts que je fais
En mourant me rendent féconde :
Mais je mets des enfans au monde
Qui ne me survivent jamais.

CCVIII.

Sans esprit, sans raison, sans grace, & sans
　　appas,
　　Irréguliere en ma figure,
Je regle tout le monde avec ordre & mesure ;

Et je fais voir en moi tout ce qu'on ne voit pas.

    Malgré mon ignorance extrême,
Je borne les Etats de tous les Souverains ;
De leurs égaremens je tire les humains ,
    Et puis sans autre stratagême,
    Que quelques traits fort incertains ,
    Je sçais les égarer de même.

Lecteur qui me cherchez, apprenez que je puis
Donner à vos souhaits des lumieres parfaites ;
Peutêtre avez-vous peine à sçavoir qui je suis ,
    Mais je vous dirai où vous estes.

CCIX.

Devinez qui je suis , mon corps n'est plus du monde ;
J'habite la moitié d'une machine ronde ;
Vivante je n'avois qu'un sentiment brutal :
Mais depuis que l'effort d'une main assassine
    M'a fait donner le coup fatal ,
L'on me voit renfermer la plus haute doctrine.

CCX.

J'Ai des freres en quantité;
    Mais à pas un je ne ressemble:
Et j'ai si peu de vanité,
    Que lorsque nous sommes ensemble ,
Je leur cede la primauté.

    Mon aîné vaut moins que le moindre ,
Et je vaux encor moins que lui :

Mais lorſqu'à lui je veux me joindre ;
Je lui ſers d'un ſi bon appui ,
Que par cet heureux aſſemblage ,
Il peut alors plus que celui
Qui pouvoit huit fois davantage.

Quand je me trouve ſeul , je ne ſuis bon à rien ,
Mon unique déſir eſt d'eſtre en compagnie ;
Et l'on me voit toûjours faire beaucoup de bien
A ceux à qui l'on m'aſſocie.

L'on dit que ma figure a des perfections ,
Qui ne ſe trouvent point en aucune autre choſe ;
Et que pour faire d'elle une metamorphoſe ,
Bien des ſçavans ont eu de fauſſes viſions.

J'ai peur qu'en me cherchant avec un ſoin ex-
trême ,
Vous n'en faſſiez de même ;
Ou que m'ayant trouvé , ſi vous me cherchez
bien ,
Vous ne diſiez de moi que vous ne tenez rien.

―――――――

CCXI.

Avant qu'eſtre connu j'ai fait pleurer ma mere,
Pour mon premier exploit j'ai terraſſé mon
pere ;
A ceux qui m'aiment trop je ſuis toûjours fatal ,
Les barbares me traitent mal.

Dès le berceau je ſuis ſi redoutable ,
Qu'il me faut marier pour me rendre traitable ;
Ma femme & moi nous nous accordons bien ,
Je ſuis mutin , elle eſt affable.
Mais dès que ſon parti l'emporte ſur le mien ,
Je vous le dis tout net , je ne ſuis bon à rien.

CCXII.

L'On voit deux sœurs toûjours ensemble
Qui servent en même maison ;
Elles n'ont rien qui se ressemble,
Si ce n'est la taille & le nom.

Quoiqu'également nécessaires,
L'une est toûjours sans se mouvoir ;
Et l'autre n'a pas peu d'affaires
Depuis le matin jusqu'au soir.

Par la franchise de l'aînée,
Et par son abord ingenu,
On la verroit abandonnée
A toute heure au premier venu :
Mais par les soins de la cadette
On lui prescrit de justes loix.

Celle-ci passe pour discrete,
Quoiqu'incivile quelquefois ;
Elle est fort sujette au caprice,
Souvent elle fait des jaloux ;
Et ne rend presque point justice,
Si ce n'est à force de coups.

CCXIII.

Mon pere m'engendra dans le séjour des morts,
Aussi je ne vis pas, quoique j'aide à la vie ;
Je suis le rare effet de ses derniers efforts,
Et l'on ne me voit point sans joie, ou sans envie.

F iij

Cent miserables pour m'avoir
Déchirent le sein de ma mere ;
Et d'autres insensés flatés d'un faux espoir
Tâchent de m'engendrer d'une âme adultere,
S'imaginant envain à toute heure me voir.

Je suis liquide & dur, je suis ferme & fléxible,
Je suis broyé, battu, l'on me donne cent coups ;
Je suis pourtant aimé de tous,
Encore que je sois à l'amour insensible.

Je tire de prison l'esclave ; & par malheur
Mon esclave m'y tient, je le souffre sans plainte ;
On m'acquert avec peine, on me possede en crainte,
Et l'on me perd avec douleur.

CCXIV.

JE parois entre deux soleils,
Et sur le corail & l'yvoire ;
Mon élévation nuit souvent à ma gloire :
L'ami du genre humain rend mon teint fort vermeil.
On reconnoît à ma figure
Le principe de la nature,
Et celui du temperament.

Je me nourris d'œillets, de pastilles, de roses,
Je me crois si fin, si sçavant,
Que je veux que mon sentiment
Décide bien de toutes choses.

CCXV.

ARbitres du bonheur ainsi que du malheur,
Nous faisons de plusieurs les charmantes
délices ;
Et tel qui nous chérit avec le plus d'ardeur,
Eprouve bien souvent nos plus cruels caprices.

De nom comme d'habit, de sexe different,
Et de couleur & de visage ;
On en voit parmi nous qui sont du plus haut rang,
On en voit du plus bas étage.

On nous brouille facilement,
On nous réunit aisément ;
Et quoique sans dessein nous causions du dommage,
On ne laisse, cedant à des transports de rage,
De nous punir injustement.

Hé ! pouvons-nous du sort guérir l'aveuglement ?
Nous marchons deux à deux, trois à trois, quatre à quatre ;
Bien des gens avec nous ne perdent pas leur tems,
Et ceux que nous rendons contens,
Sont assez ingrats pour nous battre,
Nous faisons de fort heureux coups.

De nôtre sort fatal admirez l'injustice,
Quand nous avons rendu service,
Personne ne veut plus de nous.

CCXVI.

JE nais pour la prison, & pour la liberté,
Utile à tout le monde, & fatal à moi-même ;
J'enrichis les humains dans ma captivité :
Mon precieux travail fait mon malheur extrême.

Avant que je sois né, mon pere est au tombeau,
Le trépas m'a ravi la mere qui m'engendre ;
Nés sans ailes tous deux ils meurent en oyseau,
Le mystere en paroît difficile à comprendre.

Ainsi qu'un vil esclave on me voit dans les chaî-
nes,
Travailler vivement pour le faste & l'éclat ;
Y chercher le trépas pour le fruit de mes peines,
Et tout gueux que je suis enrichir un Etat.

Si vous en exceptez le peuple du Permesse,
Malgré ma nudité j'habille les mortels,
J'embellis les Palais, je pare les Autels ;
Et l'art s'efforce envain d'imiter mon adresse.

CCXVII.

JE suis de toutes les Provinces,
Chaque Laboureur en tout tems,
Hyver, Automne, Esté, Printems,
Me seme dans des terres minces.
Mon champ qui n'est point raboteux
Est blanc, & ma semence est noire;
On me cultive avec cinq bœufs :
Et ce qu'à peine on pourra croire,

Le soc pour faire le sillon
Est un canal étroit & long.

CCXVIII.

JE vais vîte, & je vais toûjours,
Je ne trouve rien qui m'arrête;
Et la plus afreuse tempête
S'opposeroit en vain à mon rapide cours.

J'ôte & je donne des richesses,
Je renverse des forteresses;
Et mets l'intelligence entre les ennemis,
Que l'on desesperoit de voir jamais unis.

Contre ses créanciers tel mon secours implore,
Qui se verroit persecuté,
Si par bonheur pour lui je n'aurois acquité
Ce qu'il leur doit encore.

CCXIX.

J'Ai de l'eau qui n'est pas humide,
Du feu qui n'a point de chaleur;
Bien que mon corps soit sans couleur,
La matiere en est bien solide.

Sur les roses souvent on me trouve couché:
Mais par un sort bizarre;
Ce n'est pas là chose fort rare
De me voir sur la Croix fortement attaché.

Des Dames de la Cour je quitte peu l'oreille,
Et sors tres-rarement des mains des courtisans;

Et par une disgrace à nulle autre pareille,
On me force à servir de simples Artisans.

CCXX.

Grace au destin je suis du sexe féminin,
　Mais tous mes membres sont du sexe masculin ;
Sans estre monstrueux ainsi que plusieurs bêtes,
J'ai quatre fois vingt pieds, & quatre fois dix têtes,
Deux fois quarante bras, autant d'oreilles,
　　d'yeux.

　Pour mes langues l'usage en est fort précieux,
Et leur noble travail ne concourt que pour une,
Qui leur doit son éclat, sa gloire & sa fortune ;
Et qui de plusieurs ans precedant mon emploi,
Quoique ma propre langue estoit née avant moi.

　Ce que je dis ici de diverses parties,
A quatre fois dix corps les fait voir assorties :
Mais ces quatre fois dix par de sçavans accords
Conspirent tous ensemble à former un seul corps.

　Je m'habille en manteau, justaucorps & soutane,
Mille honneurs éclatans me mettent en credit ;
On me voit mortier, mitre, & pourpre, & saint
　　Esprit,
Je brille également par la plume & l'épée :
On me donne un asyle en la maison d'un grand
Qui n'a point son égal dans son sublime rang.

　J'ai quantité de fils, la plûpart en familles ;
Mais entre tant d'enfans j'ai seulement deux filles,

Qui tiennent de leur mere, & qui, dit-on, font
voir
Qu'en partage elles ont le talent du sçavoir.

Je compose & m'explique en divers idiomes,
D'Aristote j'entens les doctes Axiomes;
Epique, Dramatique, Elégie & Sonnet,
Satyre, Ode & Rondeau, sortent de mon cornet.

Enfin je réussis en tout genre d'écrire:
Mais la sincerité m'oblige ici de dire
Qu'avec tant de talens dont j'emprunte un grand
nom,
J'en suis à la premiere & plus simple leçon.

CCXXI.

Dans un même logis deux freres sans se voir,
Jour & nuit demeurent ensemble;
L'un en tout à l'autre ressemble,
Et tous deux ont même pouvoir.
Ils parlent sans avoir de langue,
Et trahissent celui qui si commodément
Les maintient dans leur logement.
Ils disent son secret par de vives harangues,
C'est par là qu'on dit d'eux avec grande raison
Qu'ils trompent l'hôte en sa maison.

CCXXII.

Un Etranger vêtu de bleu
S'offre souvent à nôtre vûe;
Malgré son large pied & sa tête pointue,

La blancheur de son teint met les belles en feu;
Comme leur passion est pour lui sans égale,
   S'il arrive qu'on les regale,
Pour contenter leur flâme, on le met du festin :
    Cependant tel est son destin,
    Que maltraité soir & matin,
    Sans avoir offensé personne,
Il pousse les hauts cris des coups que l'on lui
   donne.

CCXXIII.

   Sur un terroir assez fertile
   Je me promene tous les jours,
Non loin de ces endroits, où les tendres amours,
Les graces & les ris ont pris leur domicile.

  Lorsqu'on donne à ma course entiere liberté,
D'une épaisse forêt perçant l'obscurité,
   C'est à moi de faire main-basse
Sur tout ce qui s'oppose à ma rapidité.

    S'il arrive que je me lasse,
    Ceux qui me donnent de l'emploi
Se plaignent hautement & pestent contre moi ;
Une injuste fureur m'injurie & m'outrage.

   Ignore-t-on qu'en mon aveuglement,
    Si l'on me donne un guide sage,
    J'agis aussi fort sagement ?
    Cependant malgré ma sagesse,
    Il est des instans malheureux,
Où les traces de sang que mon passage laisse,
    Font voir que je suis dangereux.

CCXXIV.

Un souffle me donne le jour,
Et sitôt que je nais, je commence à reluire ;
Mais helas ! mon regne est si court,
Le moindre choc peut me détruire.

Pour l'éviter je m'abandonne au vent,
Afin que dans les airs il me puisse conduire :
Mais envain je veux fuir tout ce qui me peut
 nuire ;
Ce traitre lui-même souvent
Par un souffle fatal, à mon trépas conspire.

Lui qui m'a faite auparavant
Comme lui je suis fort légere,
Et je n'occupe aussi que les esprits légers ;
Je les vois se donner carriere
Pour me préserver des dangers.

Je suis ronde comme une boule,
Et pourtant je ne puis rouler ;
Sans aîles j'ai l'art de voler,
Et l'on me fait sortir d'un moule.

CCXXV.

Je suis la figure du monde,
Comme le monde aussi je n'ai que du dehors ;
Qui voudroit sonder dans mon corps
Ne rencontreroit rien pour arrêter sa sonde.

Je suis inconstant & leger,
Je rampe en terre, & me promene en l'air;
Et suis dans mon employ plus agité que l'onde.
Malheureux qui sur moi se fonde.

Je suis gros & bouffi de vent,
Mon sort est de voler sans cesse:
Mais à bons coups de pied il faut qu'on me caresse
Je suis inutile autrement.

CCXXVI.

Nous sommes plusieurs fils, unis, bruns & jumeaux,
Dans le ventre d'une blondine;
Que la nature a faite & picquante & mutine,
Pour nous garder des animaux.

Elle leur fait mauvaise mine,
De mille traits aigus elle les assassine;
Et la main qui la touche en ressent mille maux.

Aussi l'homme en colere
Pour réussir dans son dessein,
Avec les pieds écrase & les traits, & le sein
De celle qui nous sert de mere.

Que fait cet homme ? helas ! dans son ardent courroux,
Depeur que nous disions nôtre cruelle peine,
Quand dans les feux il nous promene,
Il nous perce de mille coups;
Il nous fait prendre un teint de more;
Il nous brûle, ou nous glace, & puis il nous dévore.

CCXXVII.

JE suis enfant de la lumiere,
  Et ne hais rien tant que le jour;
La nuit est toute mon amour,
Peu me connoissent toute entiere.

J'ai la forme d'un estre étrange & merveilleux,
Et mon abord étonne & l'esprit & les yeux;
Je vais chez les mortels, j'y suis de quelque usage,
  Je ne suis rien parmi les Dieux,
  Quoique je parle leur langage.

Je ne sçais par quel art on a pû me cacher;
Vous en serez surpris quand vous m'aurez connuë;
  Vous me voyez, vous m'avez vûe,
  Même avant que de me chercher.

CCXXVIII.

BIen que très-foible & très-menu,
Je travaille toujours, pourvû que l'on me serre;
  Presque en tous les coins de la terre
  Par mes emplois je suis connu.

De mon petit destin la fortune se joue,
  Je vois souvent tourner la roue;
  Quelquefois vêtu proprement,
  Et puis tout nud dans un moment.

Véritable portrait de l'inconstance humaine,

L'on me délivre, l'on m'enchaîne ;
Et dans mon fort inégal, incertain,
Je change dans un tournemain.

CCXXIX.

N'Ayez point peur de moi, je ne mords, ni
   ne rue,
   Par ma mere je fus conçue
   Au milieu des jeux & des ris ;
Admirez mes appas, j'ai la tête cornue.

Un minois de guenon sur un grand col de grue,
   Des aîles de chauvesouris,
   Qui sortent d'un dos de tortue ;
Un estomach d'autruche, un ventre de cochon,
   La peau d'un hérisson
   Honestement pointue,
Des cuisses d'ours, des jambes de griffon,
   Une queue enfin de dragon.

Ce n'est pas tout, mon chant, ou ma voix la
   plus nette
   Est un cry de chouette :
   J'ai l'oreille d'un fin renard,
Le coulant d'un serpent, le vol d'une allouette,
   Et la marche d'une belette.

   Et mon plus doux regard
   Est celui d'un fier crocodile,
Prest à dévorer femme ou fille :
Ainsi sont joliment composés mes dehors,
   Et mon ame est comme mon corps.

CCXXX.

JE suis d'un pere deux fois né,
Et d'une mere deux fois née;
J'étois Prophete couronné,
Car telle estoit ma destinée.

Mon pere prophetise & la nuit & le jour,
Et je prophetisois au tems de mon enfance,
Estant capable alors d'amour,
Ayant eu le destin d'une double naissance.

Mais admirez mon cruel sort,
On me voue à la mort;
On me fait eunuque sans cause,
L'on m'expose aux grandes ardeurs.
N'est-ce pas une étrange chose
D'estre brûlé pour des pecheurs?

CCXXXI.

JE possede des biens, & n'en sçaurois jouïr,
Je suis de tous festins, & jamais je n'y mange;
Quand on me veut parer, il me faut du mélange,
Quand je vous rends joieux, c'est sans me réjouïr.

J'assiste aux entretiens sans pouvoir les ouïr,
Qui me fait de l'honneur en reçoit en échange;
Qui me fait un affront trouve en moi qui se vange:
La terre en ma faveur doit se laisser fouïr.

Quand on m'habille bien, on y trouve son compte;

Quand on m'habille mal, on en souffre la honte :
On m'apporte, je porte ; on me charge, je rends ;
J'exige en ces emplois de la vicissitude,
Je ne demande rien, qu'on me donne, je prends.

CCXXXII.

Je sors d'un lieu fort deshonneste,
Sans rougir néanmoins je parois chez les Rois ;
Les belles dans leur lit bien souvent me font fête,
Je sers à leur beauté pour maintenir ses droits.

Mais quelle ingratitude ! il m'en coûte la tête
Avant de partir de leur doigts :
Plus je suis jeune, & plus on m'aime ;
Et j'unis la fraicheur à la chaleur extrême.

CCXXXIII.

D'Un visage trompeur j'aborde tout le monde,
Je cache mes défauts autant que je le puis :
Mais comme je n'ai pas une bonté profonde,
On me hait aussitôt qu'on connoit qui je suis.

Benir le nom de Dieu, c'est-là mon caractere,
Je rends graces au Ciel de la grandeur du Roi ;
Et cependant malgré ce noble emploi
Je fais souvent périr mon pere.

CCXXXIV.

J'Habite un sombre lieu d'un accès difficile,
   Lorsque l'on veut m'en faire déloger,
   On va chercher un étranger,
   En cela plus qu'un autre habile.

Un bandeau sur les yeux, tel qu'on dépeint l'A-
   mour,
Il m'arrache & m'abbat ; & fier de sa victoire,
   Sitôt qu'il apperçoit le jour
Il chante à haute voix ma défaite & sa gloire.

CCXXXV.

Toi qui pretends calculer bien,
J'entreprens aujourd'hui de te faire la nique,
   Et t'apprendre une aritmétique
   Où le diable ne connoit rien.

   Sans rien ajouter ni rabbatre,
Quatre fois trois font vingt, comme quinze font
   six ;
   De même trente sept font dix ;
   Cependant tout ne fait que quatre.

CCXXXVI.

J'Altere la délicatesse
   D'un lieu dont je fais l'ornement,
J'y viens toujours fort doucement ;
Et l'on m'en chasse avec vitesse.

On seroit fort fâché de ne me point avoir,
Souvent l'on me désire avec impatience :
Mais sitôt que je veux prendre un peu ma crois-
　sance,
　　On me traite avec violence,
　　Et dans le lieu de ma naissance
　　On ne sçauroit se résoudre à me voir.

　　Quand je parois, l'on veut paroître sage,
Sans pour cela souvent qu'on le soit davantage :
J'embellis, j'enlaidis, l'on m'aime, l'on me hait,
　　Et l'on me fait, lorsque l'on me défait.
　　　Des gens de piété profonde,
　　　Pour me garder sortent du monde.

　　　　Tout le reste du genre humain
Me traite tour à tour d'une façon sévere :
　　Mais malgré tout ce qu'on peut faire,
On me chasse aujourd'hui, je reviendrai demain.

CCXXXVII.

Absent de la beauté que j'aime,
　　Lui seul peut calmer mon ennui ;
Il est plus beau que l'amour même,
Mais elle est plus belle que lui.

CCXXXVIII.

Je suis un triple cabinet
　　Avec une double ouverture,
Par où passe plus d'une ordure
Que chacun y porte en secret.

d'Enigmes. 141

Celui qui reçoit le pacquet,
Ne le reçoit pas sans murmure;
Deux patiens font la figure
De gens condamnés au gibet.

Pendant que l'un des deux raisonne,
Un tiers sans conseil de personne,
De tout point veut estre éclairci.

Là pour le repos de son ame,
Il ne faudroit pas qu'un mari
Se trouvât derriere sa femme.

CCXXXIX.

Parmi les Courtisans j'ai la premiere place,
J'approche de fort près la personne du Roi;
Bientôt une rivale aussi belle que moi,
De mon poste honorable impunément me chasse;
Mon teint & ma beauté ne durent pas longtems,
Mais par leur prompt retour je redeviens charmante,
Sans moi l'on ne voit point de parure éclatante:
Quand on n'a que moi seule, on est sans ornemens.

CCXL.

Dans les forêts j'ai pris naissance,
Et rien n'est égal à mon sort:
Je ne jouis qu'après ma mort
De ma gloire & de ma puissance.

Je brille à la Cour, à la Ville,
Je suis le prix d'un homme habile;

J'illustre une grande maison
Dont je rehausse l'écusson.

   A la Cour chacun me désire,
Je suis si bien auprès du Roi,
Qu'il veut que je porte sur moi
Un ornement de son empire.

   Quoique l'esclave des humains,
Je les fais regner dans la guerre ;
Je fais trembler toute la terre,
Quand je tombe en de bonnes mains.

CCXLI.

Je suis ce qu'on aime le mieux,
  Presque en tous les lieux de la Terre ;
  Et souvent on se fait la guerre,
Pour m'avoir comme un bien & rare & précieux.

   Mais quand on a fait ma conquête,
Celui qui me possede a le cœur si leger,
Qu'à m'a possession jamais il ne s'arrête,
Et ne me garde pas longtems sans me changer.

CCXLII.

Quoique je sois sans mains, sans yeux,
  Je conduis si bien mon ouvrage,
  Que le plus adroit, le plus sage
Ne le pourroit pas faire mieux.

J'ai besoin du secours d'une active femelle,
Car si j'entreprenois ma besogne sans elle
   Ce seroit inutilement ;

d'Enigmes.

J'agis toujours également.

Presque à tout moment je travaille
Chez ceux à qui le sort a fait part d'un grand bien;
Quand je suis parmi la canaille
Je deviens paresseux & ne fais presque rien.

CCXLII.

JE suis né Roi, je vis esclave,
Je suis premier, je suis dernier,
Mon mouvement est régulier;
Tantôt je suis timide, & tantôt je suis brave.

Je suis petit, & je suis grand,
Je puis sans voix me faire entendre;
Assez rarement on me prend,
Sans danger de se laisser prendre.

J'ai toujours de pressans besoins
Avec un fonds inépuisable;
Chez moi tout se fait sans témoins,
Je suis un témoin redoutable.

Contre les malheurs les plus grands,
J'ai dans moi-même un prompt remede;
Bien que chaque homme me possede,
Je me trouve chez peu de gens.

CCXLIV.

MEs légitimes droits donnent le Diadême,
On me partage en mer, en fleuves, en ruisseaux,

Au cœur de l'Univers je promene mes eaux,
Et plein d'ardeur toujours je cours après moi-
    même.

Quand je sors de mon lit je n'y rentre jamais,
Mes voisins envieux tâchent de me détruire,
Formant mille complots pour troubler mon em-
    pire :
Et leur haine implacable en a banni la paix.

Je fais diversion au malheur qui me presse ;
Je goute les plaisirs, j'échaufe la jeunesse :
Mais tout mon feu s'éteint, quand je suis dans les
    vieux.

J'ai mille messagers que j'envoye en tous lieux,
Et mon activité fait naître sur la terre
Les plaisirs de l'amour, les fureurs de la guerre.

CCXLV.

J'Impose le silence au célebre Avocat,
    Qu'avec plaisir souvent écoute le Senat ;
Je chasse le Traitant du Bureau de Finance,
    Où je l'ai moi-même appellé.
Le Reclus que soumet l'austere pénitence,
    Attend mes loix pour estre flagellé.

Je termine à la fois cent diverses affaires,
Je dis la même chose aux sages comme aux foux;
Et tandis qu'à l'Amant j'annonce un rendez-vous,
J'avertis un dévot de faire ses prieres.

CCXLVI.

CCXLVI.

Au moment que je viens au monde,
Ma mere me dévoue à la virginité ;
Et je passe mes jours dans la stérilité,
    Tandis que ma sœur est féconde.

    En rampant je m'éleve en cent mille façons,
Et quoique je ne sois que de basse naissance,
    Avec les plus grandes Maisons ;
    Je fais une étroite alliance.

    Lorsque je m'y peux attacher,
    C'est toujours pour toute ma vie ;
    Par tant de chaines je m'y lie,
    Qu'on ne sçauroit m'en arracher.

    Je suis agréable à la vûe,
    C'est par cet endroit que je plais ;
    Je peux encor faire gouter le frais,
    Selon le sens que je suis étendue.

    Mes cheveux seroient toujours verds,
Si j'estois insensible aux rigueurs des Hivers ;
    Cette saison pour moi cruelle
Me les fait tomber tous : mais malgré ce revers
    Je ne parois jamais si belle,
    Que dans le tems que je les perds.

CCXLVII.

Ainsi que de certains oiseaux
Qu'on appelle des Etourneaux,
Tres-souvent nous sommes par bandes ;
Moins qu'eux pourtant nous sommes fortunés,
Ils sont libres, nous enchaînés.

Nous répondons à toutes les demandes,
En prose d'ordinaire, & quelquefois en vers ;
Nous avons cours sur terre, & même dans les airs.

On nous voit bien, si l'on fixe nôtre être ;
Tailles & traits en nous infiniment divers,
sçavent pour lors assez paroître:

Mais sans cela les yeux les plus perçans
Feroient des efforts impuissans,
S'il nous vouloient connoître.

CCXLVIII.

Je me trouve presque en tous lieux,
Sans mon secours l'Astrologie,
Les Loix, l'Art de parler, & la Théologie,
Ne pourroient pas montrer leur éclat à vos yeux.

Je marche quelquefois, quelquefois je m'arrête,
Ayant pris mon repos je ne puis plus marcher ;
De ce même repos on ne peut m'arracher,
Je fais parler plusieurs, quoique je sois muette.

Jamais je n'appris rien :
Mais malgré mon insuffisance
Je puis dire que la science
Sans moi perdroit un grand soutien.

Les langues dont l'étude éloigne l'ignorance,
L'Hébreu, le Grec & le Latin,
Pour rendre immortel leur destin,
Ont besoin de mon assistance.

Quoique je ne possede rien,
Aux uns je procure du bien ;
Aux autres quelquefois je le ravis de même.

La louange & le blame éclatent par mes traits,
D'une seule couleur je fais plusieurs portraits
De la Mitre & du Diadême.

CCXLIX.

Je n'aime que la nuit, & je fuis le grand jour ;
Si je tire d'un labyrinthe
Celui qui n'y vivoit qu'en crainte,
C'est bien plus par devoir que ce n'est par amour.

Mais il faut que j'emprunte un secours que je cache,
Pour me regler moi-même & le régler aussi ;
Et toutefois de deux que nous sommes ainsi,
Nous ne faisons qu'un corps par une même attache.

D'aveugle que je suis, avec lui je vois clair,
J'ai divers ennemis puissans, mais invisibles ;
Qui cependant en leurs courses terribles

Rodant autour de moi tachent de m'aveugler.

    Comme leur violence est sans regle & sans bornes,
Je n'y puis résister qu'en leur montrant mes cornes ;
C'est par-là seulement que je vaincs leur effort :
Mais s'ils ont le dessus, ils me donnent la mort.

    Basse ou haute, legere ou lourde,
    Je cours risque d'un autre sort,
Car on me fait procès, d'abord que je suis sourde.

CCL.

Quittant les lieux de ma naissance,
Je peuple tous les jours des pays étrangers ;
Et par dix mille enfans inconstans & legers,
    Je mets le monde en jouïssance
    De la fontaine de Jouvence.

Ces enfans empruntés, dont le nombre fourmille,
    Ont entre eux sans cesse castille ;
    Ils se brouillent au premier vent :
    L'on ne peut sans maint coups de dent
    Remettre l'ordre en ma famille.

    Un Artisan expert me donne la torture ;
    Mais malgré ma triste avanture,
    Je puis me vanter hautement,
Que si l'art quelquefois surpasse la nature,
    C'est chez moi seulement.

CCLI.

JE suis l'appanage des filles,
Dans les mains d'un garçon l'on ne me veut point
  voir ;
Les lys ne veulent point aussi me recevoir,
  Ailleurs pourtant je trouve azile.

  Lecteur veus-tu de bonne foi
    Que je t'en dise davantage ?
Je sers sans travailler, & suis d'un bon usage :
Mais j'ai mon compagnon qui travaille sous moi.

CCLII.

ENvain pour fuir la mort, j'ai soin de me ca-
  cher
Dans des lieux tres-profonds où je suis retirée,
  Les hommes viennent me chercher ;
    Et s'ils m'en peuvent arracher,
Ils me tirent le sang, puis je suis dévorée.

  Trop heureux au contraire est le sort de ma
    soeur,
Qui dans un haut degré de gloire & de splendeur,
    N'a des mortels aucune crainte,
      Ayant cet insigne bonheur
    D'estre exempte de toute atteinte.

    Je suis sujette aux rigueurs de la mort,
      Elle par un plus noble sort
    Rodant autour d'une machine ronde ;

Verra tous les siécles du monde.

Mais une tierce sœur, ou si l'on veut un frere,
(Car nôtre nom latin
Est dit genre masculin)
Fait plus de maux, helas! que serpent & vipere.

CCLIII.

Devinez, ma chere Fanfine,
Ce que je m'imagine;
Un composé de chair & d'os,
Qui ne peut sans ennui demeurer en repos,
Qui marche sur des cloux, & n'en sent point de maux,
A qui je viens de voir, écoutez des merveilles,
Six pieds, deux mains, quatre yeux, deux bouches, quatre oreilles,
Et le derriere sur le dos;
Pourriez-vous bien m'en montrer de pareilles?

CCLIV.

Je suis si merveilleux aux yeux de tous les hommes,
Qu'au tems passé comme au siécle où nous sommes,
On n'a pu concevoir mes secrets mouvemens;
Le corps qui me gouverne est rempli d'inconstance.

Je suis reglé pourtant, & quand sur mon essence
Je fais faire aux Docteurs mille raisonnemens,

Qui n'ont aucune ressemblance,
Le mensonge trompeur regne en leurs sentimens.

Mais on a beau chercher les causes de mon être,
On ne sçauroit jamais pleinement me connoître,
Et je suis le fleau des esprits curieux ;
Ainsi de m'obscurcir la peine est inutile,
Quand je découvrirois mon nom au plus habile,
Il ne m'en connoîtroit pas mieux.

CCLV.

Je ne suis pas moins belle en dedans qu'en dehors,
L'Hiver que le Printems, & l'Esté que l'Automne ;
Quand on se sert de moi, l'on me met l'ame au corps ;
Et sans faire de grands efforts,
Je reçois aisément tous les plys qu'on me donne.

Je suis de la couleur du jour,
Foible aussi-bien que souple, & si fort délicate,
Qu'on ne voit rien qui ne m'abbatte,
Et telle enfin que je cede à l'amour
Du moindre Zéphir qui me flatte.

Lorsqu'on me confie un secret,
Il n'est pas trop en assurance ;
Car si l'on me néglige, l'on s'expose au regret
D'apprendre en peu de tems qu'il est en évidence.

Ne croyez pas que ce soit par vengeance,
Je souffre tout jusqu'aux mots de rigueur,
De mépris & de raillerie,
Ce n'est pas toutefois sans changer de couleur,

G iiij

CCLVI.

Apprenez si je suis puissante,
J'ai cent pages de compte fait
Que rien au monde n'épouvante,
Leur teint uni, blanc comme lait,
Est d'une grace assez charmante.

Leur taille dégagée a pour plus grand attrait
Une égalité surprenante,
Et le regard le plus parfait
N'y trouve point de différence,
Tant exacte est leur ressemblance.

Par leur moyen les beaux esprits galans
En éprouvant une agréable peine,
Ont dequoi s'occuper pour plus d'une semaine ;
S'ils ont dessein d'exercer leurs talens,
Et d'en rendre au public les effets évidens.

Ainsi je suis utile & même necessaire
A cent sortes d'affaires,
D'honneur & de fortune, aussi-bien que de cœur ;
Vous le sçavez, ami lecteur,
Vous en estes souvent le témoin oculaire.

CCLVII.

Ma tête vaut mieux qu'un trésor ;
On la préfere même à l'or :
Mais quand des armes on appreste,
Et que le fer en main m'oblige à succomber ;
On ne me fait jamais tomber,
Que pour brûler mon corps, & pour briser ma tête.

Battu de mille & mille coups,
Sans mériter tant de courroux,
A quel sort me dois-je résoudre?
Voyez mon supplice nouveau
Avant que d'entrer au tombeau,
Il faut estre réduit en poudre,
Et passer par la flâme ayant passé par l'eau.

Ne suis-je pas digne d'envie,
Malgré mon triste sort?
Puisque je donne encor la vie
A ceux qui me donnent la mort.

CCLVIII.

EN certaine saison je parois si charmante,
Qu'une amitié forte & constante,
Engage tout le monde à me suivre en tous lieux:
Mais dans un autre tems ma faveur est petite.

On me laisse, on me fuit, tout le monde me quitte,
On peut juger par là si mon sort est heureux;
Et cependant rien ne m'irrite,
Ce propos semble merveilleux.

Qui suis-je? mon manteau t'envelope peutêtre,
Chacun porte avec lui la cause de mon être;
On me voit dans la ville, on me voit dans les bois.

Deux qui portent mon nom different en nature,
L'un fait dans un repas une aimable figure;
Et l'autre divertit, aidé de plusieurs Rois.

CCLIX.

Heros en fait de patience,
Je souffre, hélas ! jusqu'aux derniers abbois,
Mépris, injure, coup, toute sorte d'offense,
Sans faire aucune résistance ;
Et sans même employer ma pitoyable voix
A ma défense.

Je passe aussi mes jours comme les pénitens,
Dans le travail presque en tout tems,
Mangeant peu, couchant sur la dure ;
Ne beuvant jamais que de l'eau,
Vétu de gris, sans bonnet, ni chapeau.

Mais bien que pauvre creature,
On tire un honneste tribut
De la plûpart des peines que j'endure ;
Et j'ai toujours sur moi le signe du salut.

Mon sort ne cause point d'envie,
Car s'il ne m'avient pas d'estre mangé des loups,
Après ma mort je reçois plus de coups,
Que je n'en eus pendant ma vie.

J'ai des freres de lait, & d'autres de renom,
De ces derniers grande est la multitude ;
N'en es-tu point ? dis-moi, toi qui cherche mon nom.

En vain, s'il est ainsi, tu mets là ton étude,
Jamais tu ne le trouveras,
A moins que tu ne sçaches
D'un ami franc qui ne te flate pas,
Ce que sous ton surtout tu caches.

CCLX.

JE me rends familiere assez facilement,
    Aux plus hupés je chante des injures;
Je me plais à voler & vole impunément,
    Sans avoir peur des fers, ni des tortures.

    Je n'ai qu'un seul habillement,
La mode & la saison n'y font nul changement;
    C'est une robbe fort legere
Où le blanc & le noir ont leur compartiment.

De la même façon que l'avoit ma grand-mere,
    Je suis pourtant d'un assez grand renom;
Gens du plus haut étage ont eu cinq fois mon nom,
Le tartuffe l'affecte, & le saint le révere.

Jadis quand j'estois fille, on m'accusa d'orgueil
    Sur la qualité de chanteuse;
Et delà vient, dit-on, que je porte le deuil:
Aujourd'hui l'on m'estime une grande causeuse;
    Sur tout lorsque je n'ai qu'un œil.

CCLXI.

JE suis une production,
    Où l'art fait briller la nature;
Si fier de mon extraction,
Que je ne souffre aucune injure,
Car souvent je n'en puis souffrir
Sans estre réduit à périr.

    Jugez de ma délicatesse,

Cependant quoique je fois tel,
Tout le monde à l'envy s'empreſſe,
A me dreſſer chaque jour un Autel.

Mon origine eſt noble & pure,
Je change de couleur ſans changer de nature;
Et comme je touche le cœur
Par le ſoin que je prens d'offrir ce qui doit plaire,
Chacun ſi fort me conſidere,
Qu'il gronde en ſe plaignant ſouvent de mon malheur :
Mais on fait plus encor, on me flatte, on me touche;
Et je me fais ſi bien priſer,
Qu'il n'eſt point de ſi belle bouche,
Qui pluſieurs fois par jour ne cherche à me baiſer.

CCLXII.

JE ſuis fille d'un pere aimé de tout le monde,
De ma mere je ſors d'une étrange façon;
Je paſſe par le feu, par l'eau, par la priſon;
Et ſemblable à Niobé en pleurs je ſuis féconde.

Mon pere a l'eſprit vif, c'eſt ainſi que je l'ai,
Et ſi quelquefois je m'échape,
Il eſt bien fin qui me ratrape,
Le ſage uſant de moi n'en fait qu'un ſimple eſſai.

Soit que j'aille ſur mer, ou que j'aille ſur terre,
On trouve du ſecours en moi;
Et je ſuis même en mon emploi
Neceſſaire en la paix, neceſſaire en la guerre.

Mais ſur tout admirez mon merveilleux pouvoir,

d'*Enigmes.*

D'un gueux je fais un riche, & change un autre
 en bête ;
A celui-ci je mets des chimeres en tête,
Et ce que Circé fait je le fais aussi voir.

CCLXIII.

JE suis petite, & suis brunete,
 De la forme la plus parfaite ;
Mon pere m'appelle un trésor,
Et souvent m'habille tout d'or.

Pour me rendre où l'on me désire,
Il me faut traverser un Palais précieux,
 Et puis descendre en d'autres lieux
Que leur obscurité m'empêche de décrire.

Là toutefois j'exerce mon empire,
 Et c'est pour soulager les maux
 Du Roi des Animaux.

CCLXIV.

NOus embrassons ce qui nous porte,
 Et nous faisons aller ce qui le porte
 aussi ;
Le mouvement qui les transporte
Ne nous donna jamais ni peine, ni souci.

Nous sommes durs, impitoyables,
Faits pour causer du mal d'où résulte du bien ;
 Toutefois nous n'en voyons rien,
Ainsi que deux jumeaux nous sommes fort sem-
 blables.

La belle & charmante figure
Des ornemens des Cieux,
Se remarque en nôtre structure ;
Et nos rayons pourroient crever les yeux.

CCLXV.

Quand je suis plein d'esprit on estime mon
  pere,
Quand j'ai le corps bien fait on estime ma mere ;
Les roses & les lys m'embellissent souvent,
Je puis à la même heure estre en plus d'une place ;
On me peut transporter en Perse comme en
  Trace :
Mais Dieu même ne peut me pousser plus avant.

CCLXVI.

Entre les animaux je tiens le premier rang,
  Il n'est point de climat où l'on ne me con-
  noisse ;
Souvent dans ma fureur je suce jusqu'au sang,
Et plus je fais de mal, & plus on me caresse.

Je parle mieux qu'un Geay, mieux que lui je
  babille,
Nul singe ne ressemble à l'homme tant que moi :
On me trouve par tout aux champs, comme à la
  ville,
Et même quelquefois entre les bras d'un Roi.

CCLXVII.

Je suis jaune, blanc, verd, noir, gris, rouge,
  ou cendré,

Ou de quelques couleurs plus rares;
Si la mode aime les bizarres,
Je me plais à la suivre & m'ajuste à son gré.

Mais c'est bien une autre merveille,
Je suis court, long, haut, plat, rond par quarts,
ou tortu;
J'ai souvent, ou n'ai point d'oreille,
Et mon usage fait connoître ma vertu.

Quelquefois aussi l'on me donne
Une compagne, ou compagnon;
C'est selon que l'âge l'ordonne,
Ou pour me rendre plus mignon.

Je sers à désigner les dignités brillantes
Dont les mortels sont revêtus,
Et la Satyre veut que les femmes galantes
Aiment à me faire pointu.

CCLVIII.

Plus on me trouve rude,
Plus on me cherit en tous lieux;
Je regne dans la ville, & dans la solitude;
Je suis l'amusement des jeunes & des vieux.

Je suis si genereuse & bonne,
Que je rends tout ce qu'on me donne:
Mais si je viens à m'adoucir,
L'on me méprise, & l'on me jette;
Et c'est à quoi je suis sujette,
Pour avoir fait trop de plaisir.

CCLXIX.

Sans cesse on me vient consulter,
Plus qu'on ne fait les Avocats célebres;
Et de jour dans les ténebres,
D'un pas égal je vais sans m'arrêter.
Je parle & suis sans voix, je vis & suis sans ame,
Je sers l'Amant, je sers la Dame,
Le Plaideur, le Joueur, la Ruelle, & la Cour :
Avec mes sœurs rarement je m'accorde;
Je vois rouler mon sort sur la roue & la corde,
Et je marche au gré du tambour.

CCLXX.

Des plantes que l'on trouve en cent climats divers,
Je suis la plus utile & la plus nécessaire;
On ne voit point de peuple en ce vaste Univers,
Qui de me conserver ne se fasse une affaire.

Je crains avec raison les rigueurs des Hivers,
Je me cache avec soin dans un tems si contraire;
Et j'attends les beaux jours où les arbres sont verds,
Pour faire des jardins mon séjour ordinaire.

Au moment que je nais je suis grande d'un pié,
Je crois assez longtems : mais telle est ma nature,
Que quand même je suis plus grande de moitié,
Un pied de ma grandeur fait toujours la mesure.

Les autres arbrisseaux se parant de leurs fleurs
Étalent à nos yeux mille aimables couleurs:

Mais quoique je ne fois ni belle, ni féconde,
Je porte fans fleurir le plus beau fruit du monde.

Eſtant de la grandeur l'appui le plus certain,
Sur moi, quoique je fois en effet peu de chofe,
Comme fur un Atlas le monde fe repofe ;
Et c'eſt moi qui foutiens les droits du genre humains.

Je fuis utile aux Rois que le faſte environne,
Je leur aide à porter le faix de leur Couronne ;
Et fi quelqu'un pouvoit m'ôter au grand Seigneur,
On verroit à l'inſtant décroître fa grandeur.

Du même enfantement nous naiſſons deux jumelles,
Qu'on ne peut féparer fans des douleurs mortelles;
Quand on me voit en l'air, le préfage eſt facheux,
Celui d'une comête eſt bien moins dangereux.

Vous qu'un défir preſſant excite à me connoître,
Lecteur, je ne fuis pas à fix pieds de vos yeux :
Mais comme c'eſt le foir qu'on me découvre mieux,
Attendez jufques là, vous me verrez peut-être.

CCLXXI.

Tout ce que la nature en merveilles feconde
Produit de plus exquis dans l'air, la terre & l'onde,
Sert par d'invifibles reſſorts
A la ſtructure de mon corps.

Mais tous ces biens pour me conſtruire,
Sont obligés de fe detruire,

Tous les mortels suivent mes loix,
Sans excepter même les Rois.

De leur Trône souvent à mon gré je les chasse,
Sur le mien à leur tour il faut qu'ils prennent place ;
Je travaille avec eux suivant leur naturel,
Et je puis même enfin me vanter d'estre tel,
Que je fus autrefois mis aux travaux d'Hercule.

Mais un si magnifique & pompeux appareil,
Va vous persuader que je suis sans pareil ;
Au monde cependant rien n'est si ridicule,
Lorsque je viens à prendre un air dur & tranchant,
Je fais acheter cher les faveurs que j'accorde :
Si quelqu'un par hazard me trouve trop méchant,
Pour se vanger de moi je consens qu'il me morde

CCLXXII.

Pour remplir certain vuide,
La précaution m'a posté
Auprès d'un réduit où réside
Un Agent de la volupté.

Sans moi dans ce réduit où certain Dieu préside,
L'ennemi subtil entreroit ;
L'ami du cœur en sortiroit,
Si je n'en gardois bien la porte.

Mais hélas ! un brutal pourtant industrieux,
Joignant l'effort à l'art me chasse avec main forte
De ce poste délicieux ;
Son fer me fait une blessure.

d'Enigmes.

Je cede, il faut enfin contenter son désir,
Alors un bruit de bon augure
S'il est suivi d'un doux murmure,
Au fripon qui me force annonce du plaisir.

CCLXXIII.

JE suis premiere en rang & derniere à la Cour,
Je suis double au trictrac & double à l'écriture;
Et sans quitter la mer j'entre dans la structure,
Je cours avec le cerf, je vole avec l'autour.

J'accompagne l'aurore, & termine le jour,
Au milieu de Paris on me voit enfermée ;
Sans perdre d'un moment ni le Roi ni l'Armée,
En robbe je préside, & j'entre au Parlement.

J'ai dans tous les Arrests une double séance,
Je suis toujours présente à la moindre Ordonnance,
Et ne me suis jamais trouvée en jugement.

CCLXXIV.

Voulez vous sçavoir d'où je sors ?
Comment je suis bâti ? quel est mon ministere ?
Sur ces trois points il faut vous satisfaire,
Divers membres forment mon corps ;
Tous de figure irréguliere.

Celui qui me produit est toûjours un Seigneur,
Par son rang distingué des autres ;
Je suis Pape, ou Martyr, ou Vierge, ou Confesseur,
J'ai même souvent le bonheur
D'estre du nombre des Apôtres.

Quoique je fois parmi des vagabonds
Qui n'ont de Dieu ni l'amour, ni la crainte;
Ma fainteté n'en reçoit point d'atteinte,
Et je fuis faint chez eux ainfi que chez le bons.

Je n'ai pour parrein que mon pere,
Il me change mon nom, fitôt que le Soleil
Paffe dans une autre Hémifphere;
Ce changement est même neceffaire
Pour le faire dormir d'un tranquille fommeil.

Croirez-vous bien ce que je vais vous dire?
Sur des pieds empruntés je cours toute la nuit,
C'est fous mon nom qu'en repos il refpire.

Enfin fans force & fans valeur,
Je le défens des tranfports de fureur
D'un ennemi qui cherche à le détruire.

CCLXXV.

CElui qui nous donne la vie,
Est un estre inanimé,
Que malgré fon efprit & fa force inouie
On tient fans peine enfermé.

Dans un fombre manoir qu'en bonne compagnie
Pour l'en faire fortir
Nous allons inveftir,
Sans canon, boulet, poudre & mêche;
Nous fommes le jour & la nuit
Occupés à faire une brêche :
Mais pour petite qu'elle foit,
Le prifonnier s'échape, & dans fon fein aride
Sa bifayeule le reçoit.

d'Enigmes.

C'eſt là que tranſportés par cette ardeur avide
    Qu'en nous l'eau ne peut temperer,
Sans nous mettre en ſouci du nom de parricide;
Nous ne l'accompagnons que pour le dévorer.

Mais dans cette action qui paroît inhumaine,
    Et qui toutefois ne l'eſt pas;
S'il s'en faut rapporter à nôtre ami Silene,
    Nous trouvons ſouvent le trépas.

    Vous qui ſur les bords d'Hypocrene
Méditez nôtre ſort, Oedipes curieux,
Ceſſez pour l'éclaircir de vous donner la gêne,
Nous allons par pitié vous en inſtruire mieux.

Lorſque le verre en main à vos amis joyeux
Vous portez la ſanté d'Iris ou de Climene,
Vous nous voyez peutêtre expirer à vos yeux.

CCLXXVI.

JE viens au monde avec quatre viſages,
De quatre ſœurs toujours accompagné;
    Qui tour à tour font le partage
Du plus heureux & du moins fortuné.

    Quoique toujours pour valoir quelque
        choſe
L'on ſoit contraint de me faire marcher;
C'eſt lorſque je ſuis las, & que je me repoſe;
    Que l'on s'occupe à me plus rechercher.

    Quoique je ſois & ſans langue & ſans bou-
        che,
En ce moment je décide en latin
    Du bon ou du mauvais deſtin
        De celui qui me touche,

CCLXXVII.

Pour se garantir des filoux,
On me met souvent en usage;
L'avare ainsi que le jaloux,
De son bonheur me croit le gage.

Si je fais quelque facheux tour,
Je suis aussi fort nécessaire,
Soit dans les mysteres d'amour,
Soit dans la plus secrete affaire.

Je trouve par tout de l'emploi,
A me connoître l'on s'applique;
Et jamais personne sans moi
Ne pourroit sçavoir la musique.

CCLXXVIII.

Deux freres & trois sœurs d'un seul manteau
couverts,
Qui sans se dire mot passent l'année ensemble;
Seront Tircis, si bon vous semble,
Les Héros de ces petits vers.

Ces freres en tout sont semblables,
Leur sort est d'estre portefaix;
Ils ont comme leurs sœurs les pieds tout contrefaits,
Leur politesse plaît, & les rend estimables:
Mais elle ne peut empêcher
Que dans de certains tems qu'on n'ose en approcher,
On ne les trouve insupportables.

Ils s'échauffent sans se fâcher

d'Enigmes.

Leur rougeur n'est jamais un effet de la honte,
Ni l'ouvrage de la pudeur ;
A leur front des rides vainqueur,
Il est rare aussi qu'elle monte.

Malgré les differens emplois
Que remplissent chez nous ces cinq enfans sans mere,
L'oisiveté semble leur plaire ;
Ils passent souvent des six mois,
Toujours de bout à ne rien faire.

Leur pere avare & sans amour pour eux,
Dès qu'ils sont nés, au plus offrant les livre ;
Ils n'en sont pas plus malheureux ;
D'un cachot comparable à l'enfer ténebreux,
Cette cruauté les délivre.

Ils en sortent souvent pour loger dans des lieux
Où tout est magnifique, où tout est précieux ;
Pour corriger leur froideur naturelle
Dont nos mains quelquefois leur arrachent l'aveu ;
Soit qu'il fasse chaud, ou qu'il gêle,
Ils attendent toûjours qu'on leur fasse du feu.

CCLXXIX.

JE suis un furieux gourmand,
Je porte une grande bedaine ;
Souvent plus farcie & plus pleine
Que la panse d'un Allemand.

Mais bien qu'avec soin on s'empresse
De me fournir de bon repas,
Où les plus dégoutés trouveroient des appas ;
On ne voit pas que j'en engraisse.

Fait-on quelque fameux régal ?
J'ai coutume souvent d'estre de la partie ;
La table la mieux assortie
Sans moi seroit peutêtre mal.

Quand une fois j'ai pris ma place,
J'y tiens alors mon quant à moi ;
Et par priere & par menace,
Je n'en sortirois pas, quand je verrois un Roi.

CCLXXX.

Beautés dont la blancheur peut effacer les lis,
Nous sommes plusieurs sœurs d'un teint égal
aux vôtres ;
Qui tenons dans nos fers, sans mépriser les autres,
Les Amans les plus accomplis.

L'amour qu'on a pour nous est pourtant fort
commune,
Et le plus fidele amoureux
Ne sçauroit se contenter d'une,
Il faut qu'il en ait toujours deux.

Pour le charmer nous sommes fines,
Et nous pouvons dire de plus
Qu'on en trouve entre nous quelqu'une de ma-
line,
Ayant des yeux autant qu'Argus.

Nous n'avons pourtant point de tête,
Et nous n'avons jamais qu'un pied :
Mais qu'importe ? cela nous sied ;
Et nous pouvons aider à faire une conquête.

Avec cette proprieté,

Voyez

Voyez la cruauté des hommes ;
Le meilleur au tems où nous sommes,
Nous réduit à l'extremité.

CCLXXXI.

JE suis fléxible à tout, & fait d'une matiere
Rude, commune & fort grossiere ;
Je n'ai point naturellement
Ni de beauté, ni d'agrément.

   Mais lorsque la main d'une belle
Nuançant son ouvrage avecque ma paleur,
Dérobe enfin aux yeux ma premiere couleur ;
En cet estat souvent je pare la ruelle.

 Celle qui m'a caché prend plaisir à me voir,
  Elle me montre & fait sçavoir
  Ce que je dois à son adresse ;
  J'occupe aussi bien la Princesse,
  Que la fille du plus bas rang.

Il semble en cet emploi qu'on me perce le flanc,
Et ce qui doit surprendre, & qui sans doute est rare ;
C'est que je suis d'abord de genre masculin,
Et qu'après je deviens de genre féminin :
 Vit-on jamais changement plus bizarre ?

CCLXXXII.

MA figure est assez bizarre,
Un des bouts de mon corps est étroit & pointu;
L'autre est double & plus étendu;
Pour m'employer il faut que l'on sépare,
Et qu'on rejoigne deux anneaux,
Mon corps tient le milieu de ces bouts inégaux;
Il est creux, échancré pardevant, par derriere:
Je dois mon estre à la lumiere,
Et cependant je ne sers que la nuit,
A qui veut s'en passer bien souvent il en cuit;
Et se servant de moi, si l'on fait le contraire
De ce que l'on prétendoit faire,
On se met en courroux, & d'autres fois on rit:
Celui qui commet cette faute
En a toujours quelque dépit;
Quand j'ai servi, mon corps en dedans se noircit:
Mais c'est une noirceur, que sans peine l'on m'ôte.

CCLXXXIII.

J'Ai le ventre fort creux, le dos aride, & sec,
Ma tête faite en œuf se courbe comme un bec;
On a beau fort souvent me charger de cuisine,
Plus maigre qu'un harang je n'ai rien que l'eschine.

On voit d'ordinaire engagé
Un animal vivant & fort gros en mon ventre,

Qu'il marche, qu'il sorte, ou qu'il rentre;
Je suis toujours à jeun, jamais je n'ai changé.

J'ai toutefois cet avantage,
Qu'avec un si maigre corsage,
Faut-il vaincre ou terrasser,
Avec peine de moi Mars pourroit se passer.

Souvent j'aide aux fuyards, comme à ceux qui poursuivent,
Je les sers tous également;
Et soit qu'ils meurent, ou qu'ils vivent,
Quand tout agit, je suis sans mouvement.

CCLXXXIV.

DE l'esprit & du corps j'entretiens l'embon-point,
J'étale sur le teint & les lys & les roses;
Et celui qui ne m'a point,
N'est pas riche, quand même il auroit toutes choses.

CCLXXXV.

JE nais dès que je suis conçûe,
Que j'aille par Bourgs, par Châteaux;
Sans qu'il me faille de chevaux,
Dans un instant j'y suis rendue.

Lorsque je manque, hélas! tant pis,
C'est un présage qu'on est pris;
Je suis sans membre, sans visage,
Aussi mon pere est tout esprit:

H ij

Je donne toujours du courage,
Si quelqu'un parle, ou s'il écrit.

   Sans moi l'on ne fait nulle affaire ;
Si je viens à me retirer,
On commence à mal augurer
De tout ce qu'on prétendoit faire.

   Je ne regne qu'un certain tems,
Tantôt un jour, tantôt dix ans ;
Je ne possede rien au monde :
Cependant quand on me perd,
Soit sur la terre ou soit sur l'onde,
On attend un méchant dessert.

   Aspire-t-on à quelque charge ?
Veut-on arriver à bon port ?
Jusqu'à ce qu'on sçache son sort,
J'ouvre à l'esprit un champ bien large.

   On a beau se fonder sur moi,
Je trompe sans sçavoir pourquoi ;
Combien a-t-on vû de personnes
S'imaginer par mon moyen
Pouvoir obtenir des couronnes,
Et cependant ne gagner rien ?

   Je suis vaine, c'est l'épithete,
Qu'on me donne cent fois le jour ;
Lorsque par quelque mauvais tour
Rien ne va comme on le projette.

   Je tâche ici de me cacher,
Mon nom tient ton ame incertaine ;
En le cherchant, s'il fait ta peine,
C'est moi qui te le fais chercher.

CCLXXXVI.

J'Ai du pere du jour, j'ai du plus beau des Dieux
L'éclat qui sort de moi, je suis sa vive image ;
Mon sort semblable au sien fait qu'on m'aime en
 tous lieux,
Tout un peuple se perd en me rendant hommage.

Je fais voir clairement, quoique je sois sans
 yeux,
Et prête de mourir on me voit davantage ;
Quand je pars d'ici-bas, je monte dans les Cieux,
Et ne laisse après moi qu'un reste sans usage.

Mes mortels ennemis sont la pluie & le vent,
Tel qui me voit naître, souvent dans un instant
Me voit aussi mourir par leur cruelle envie.

C'est un grand qui me sert dans l'Empire Ibe-
 rois,
J'aurois le nez trop long en présence des Rois ;
S'il ne tranchoit le fil qui fait durer ma vie.

CCLXXXVII.

IL faut du feu pour nous forger,
Nous sommes mâles ou femelles ;
Nous avons des pieds sans bouger,
Bien que nous courions les ruelles.

On nous y voit souvent à la gloire des belles,
 Nous y paroissons pour venger
 Des Amans mal satisfaits d'elles ;
Cherchez-vous nôtre nom ? n'invoquez pas les
 Dieux,

Vous nous avez devant les yeux.

CCLXXXVIII.

L'Homme dont l'éloquence étale tant d'appas,
Semble encherir sur elle en nous donnant la vie ;
L'avantage est petit, qu'il ne s'en vante pas,
Puisqu'en nous la donnant elle nous est ravie.

Mais quoique nous soyons si peu de tems au jour,
Nous avons l'art de beaucoup dire ;
Nous parlons de peine & d'amour,
Nous expliquons ce qu'on desire.

Belle Clione, un grand nombre de gens
A vôtre Cour nous font paroître ;
Ah que leurs cœurs seroient contens !
Si vous vouliez nous faire naître.

Bientôt on ne nous verroit plus,
Les uns feroient mourir les autres ;
Et la joye auroit le dessus,
Nos desirs deviendroient les vôtres.

CCLXXXIX.

LE fort m'assujettit à de grandes miseres,
Bien qu'il soit assuré que mes sœurs & mes freres
Non plus que moi n'auront jamais d'enfans ;
Mes travaux n'en sont pas moins grands.

Portefaix mal payés des peines que j'endure,
Esclave d'un Tyran qui me frappe, & qui jure ;

Toujours les fers au pieds, toujours la corde au cou,
    Le plus souvent je vais je ne sçais où.

    Je n'y vais pas à l'étourdie,
Serviteur à l'empressement ;
Malgré le poids sous qui je plie,
Je vais d'un pas égal, & toujours gravement.

    Dans les jours de cérémonie,
Je ne manque pas d'ornemens ;
Les plumes, l'or, la broderie
Entrent dans mes ajustemens :
Mais je compte pour rien le plus bel équipage,
    La nudité me plairoit davantage.

CCLXC.

Qu'un même nom convienne à double chose,
C'est ce qui, diras-tu, n'est pas un cas nouveau :
Soit, devine nous donc, ici l'on te propose
Deux êtres, dont l'on va te tracer le tableau.

    De ces deux êtres que nous sommes,
Sans rapport entre nous que du nom seulement,
L'une d'un mal pressant peut soulager les hommes,
Et l'autre de tout mal ôte le sentiment.

    L'une est affreuse aux yeux, & se cache en la terre ;
A l'autre dans la Flandre, ainsi qu'en Angleterre,
Comme en bien d'autres lieux, les peuples font la cour.

    L'une cause le deuil, l'autre inspire la joye ;
Le chagrin vient de l'une, & dans l'autre il se noye ;

C'est pour nous découvrir donner assez de jour.

CCLXCI.

Dans le monde je fais du bruit,
  Mon corps est porté par ma mere ;
Cependant je porte mon pere,
Quoiqu'il soit grand, & moi petit.

CCLXCII.

Je vais t'apprendre mon destin,
  Juge s'il est heureux ou déplorable ;
Dès que je suis formé, mon pere impitoyable
  Me plonge le fer dans le sein.

Je suis fait pour servir une fiere maîtresse,
  Que pourtant je tiens sous mes loix ;
Et qui souvent pour marquer sa noblesse,
  Va de même pas que les Rois.

Si celle que je sers est richement parée,
  Je me ressens de son superbe atour ;
  En campagne, en ville, à la Cour,
Elle a toujours une garde assurée.

  Quand je la gouverne, elle est bien ;
M'echape-t-elle ? on la craint d'ordinaire ;
Aussi jamais on ne m'impute rien
De tout le mal qu'elle peut faire.

  Il est vrai que dans son employ,
Pour elle mon secours est de peu d'importance :
  Mais du moins elle trouve en moi
  Son repos & son innocence.

CCLXCIII.

Il ne m'est point honteux d'estre petite,
J'en suis plus innocente, & moins suspecte aussi ;
De me justifier on prend peu de souci,
Quoiqu'ordinairement on craigne ma visite.

Je ne fais jamais rien qui blesse la pudeur,
Pourtant ma compagnie est de mauvaise odeur,
Puisqu'elle fait rougir la plus honneste fille ;
   J'ai soulagé bien plus d'une famille,
Et l'on ne dira pas que je ne sers de rien.

   Car si les uns à ma puissance
   Ne peuvent faire résistance,
A d'autres bien souvent je procure du bien ;
A des cadets nez gueux, hé bien ! qu'on s'en rapporte.

   Je seme, & ce n'est point envain :
   Mais l'abondance de mon grain
   Désole le champ qui le porte.

   Dès la premiere impression
Que je fais sur un cœur, on voit que la plus belle
   Se rend à ma discrétion ;
   Et me met au lit avec elle
   Toujours avec émotion.

   Elle me dorlote & mitonne,
   Pour me faire au plûtôt sortir ;
   Parce que je la fais patir,
   Lorsqu'en son corps je me cantonne.

   Je suis un terrible fardeau
Qu'on ne peut supporter, quoique l'air me voiture ;

Je n'ai jamais appris ni deſſein, ni peinture,
Et je peins ſans crayon, ſans plume, ſans pinceau;
  Je me diſtingue encor par la graveure.

CCLXCIV.

  Me peindre eſt une grande affaire,
  Et plus qu'on ne peut penſer ;
Peintres vous le ſçavez, puiſqu'on voit d'ordinaire
  Les plus fameux de vous y renoncer.

Tel n'entendit jamais le Portrait, ni l'Hiſtoire
Qui pourtant m'entreprend & même avec plaiſir,
  Et ſçachant moins peindre que boire,
  Ne laiſſe pas de réuſſir.

Si j'ai des créanciers, je crains peu leur furie ;
Puiſqu'on n'a vû jamais qu'un Sergent ſoit venu
  Détendre ma tapiſſerie,
  Ou ſequeſter mon revenu.

Chez moi l'on voit ſans aucune ſurpriſe
  Bien des gens même de bon lieu
  Qui ſont, le col nud, en chemiſe,
  Avec une corde au milieu.

CCLXCV.

Je ne vois jamais rien, cependant jour & nuit
  Je ſuis au guet ſans craindre vent ni pluye ;
Quoi qu'on diſe de moi, fort peu je m'en ſoucie,
  Car je ſuis au deſſus du bruit.

Si le rang que je tiens peut donner de l'envie,
  Du moins j'oſe bien me vanter
Que l'homme le plus fier jamais par jalouſie

N'entreprendra de me le contester.

  Je suis toujours si bien en garde,
Que ce n'est qu'en tremblant qu'on ose m'appro-
  cher;
Et le plus résolu sans vouloir me toucher
  Seulement de loin me regarde.

Mon corps quoique fort gros se remue aisé-
  ment,
Toujours sobre, jamais je ne fais de débauche;
  Aussi je fais alaigrement
Le demi tour à droit, le demi tour à gauche.

  Aux quartiers les plus fréquentés
On me voit à Paris tourner de tous côtés;
Sans craindre, comme font les coquets, les co-
  quettes,
  Ni les crottes, ni les charetes.

De mon poste jamais je ne suis ennuié,
  C'est pourquoi quelque tems qu'il fasse,
  Je conserve toujours ma place,
  Et reste sur un même pied.

CCLXCVI.

Potence, corde, roue, instrumens de torture,
  Tout cela se trouve avec moi;
  Qui m'aborde prend garde à soi,
  Il observe quelque mesure.

On me cherit pour ma commodité,
  Je sers même à la volupté;
Et quelquefois fort vîte on implore mon aide,
Aussi d'un tres-grand mal je suis un prompt re-
  mede.

Je fuis le fidele Geolier
D'une belle fans moi fugitive & volage,
Et cependant je la laiffe au pillage ;
En prend qui veut, & fans en rien payer.

Dans fes embraffemens pourtant cette rufée
Tend un piege à quiconque y tombe imprudem-
ment ;
L'entrée en eft affez aifée,
Mais la fortie eft autrement.

CCLXCVII.

SI par un funefte deffein,
Et par une injuftice extrême,
Mon pere ne me fait que pour m'emplir le fein
Du poifon dont je dois me détruire moi-même ;
C'eft que dans l'ordinaire emploi
Où mon facheux fort me deftine,
Le bien que l'on attend de moi
Ne dépend que de ma ruine,
Et par un deftin trop fatal
Je ne fais aucun bien, fi je ne fais du mal.

CCLXCVIII.

ON me connoit affez, je n'ai vertu, ni vice ;
Je fuis de diverfes couleurs,
Et plais fur tout aux jeunes cœurs
Quoique fort fujet au caprice.

Je parois toujours fort commode,
On fait de moi ce que l'on peut :
Mais non pas ce qu'on veut ;
Je ferai toujours à la mode.

Je n'ai point de chagrin, mais bien souvent j'en donne,
Pour m'avoir favorable on fait en vain des vœux ;
 Ce n'est qu'aux plus heureux
 A qui je m'abandonne.

On m'a fait pour le Roi, le Marchand, le Soldat,
 Pour la coquette & la devote,
 Pour la prude & la sotte ;
 Et plus je plais, plus on me bat.

CCLXCIX.

Il n'est rien de si grand dans l'état, dans la loi,
 Qui ne soit renversé par moi ;
 Mais aussi quand je suis heureuse,
Mon pere en est comblé de plaisir & d'honneur ;
Je fournis plusieurs traits au satirique auteur,
Qui peuvent soulager son humeur bilieuse.

 Me veus-tu deviner ? écoute bien Damon,
  C'est par mon artifice
Que la vie est un jeu, que le Ciel devient lice,
  Et le monde démon.

CCC.

Sans eau je bois de l'eau, triste effet du destin :
Mais beaucoup d'eau me fait boire du vin.

CCCI.

DE mon pouvoir voici de grandes marques,
J'attaque sans estre apperçu ;
Je suis également reçu
Par les Sujets & les Monarques.

Comme je ne vois pas, j'ai besoin en chemin
D'estre guidé d'un bâton à la main :
Mais aussi j'ai ce privilege
Qu'aussitôt que j'arrive on me presente un siège.

On a de moi tres-mauvais sentiment,
Et ce n'est pas sans fondement ;
Car j'excite où je suis une guerre intestine,
Qui d'un bien toutefois est souvent l'origine,
Je détruis l'ennemi de ton temperament.

J'ai pour domaine une sombre Province
Dont on ne trouve l'air agréable ni doux :
Mais je puis me vanter que l'on m'y traite en Prince,
Puisque l'on me sert à genoux.

CCCII.

JE suis de figure petite,
Rien n'est plus importun que moi ;
Difficilement on m'évite :
Mais mon nom fait honneur dans la bouche du Roi.

CCCIII.

NOus passons fort souvent par les plus viles
   mains,
 Et sommes toujours maltraitées;
On nous choque, on nous heurte, & par les sots
   humains
 Toutes nos chutes sont comptées.

 Nous formons d'ordinaire un bataillon quarré,
  Mais qui n'est pas si bien ferré,
Que l'ennemi par tout n'y fasse des desastres.

 Quoique sans influence, & quoique sans pouvoir,
On peut bien en un sens nous comparer aux Astres;
 Puisqu'un Globe nous fait mouvoir.

CCCIV.

D'Une immortelle main mon frere fut formé,
 Pour moi l'air & le feu me donnent la nais-
  sance;
  Il vit, je suis inanimé,
L'on est charmé pourtant de nôtre ressemblance.

Pour certaines beautés je suis d'un grand se-
  cours,
Autour d'elles sans moi l'on verroit peu d'amours;
Mais quelque avantageux que soit mon ministere,
  Quand on l'implore on murmure toujours,
Le plaisir de m'avoir supposé une misere.

En vain vous prétendez dans ces Vers ténébreux
    Démêler ce que je puis être ;
Dans le poste éminent où l'on me voit paroître,
    Jettant beaucoup de feux,
Il arrive souvent que je frappe les yeux
    Sans qu'on puisse me reconnoître.

CCCV.

Dans un périlleux exercice
L'apprenti trouve en nous un utile secours,
    Et bien souvent sans nôtre bon office
Son coup d'essai seroit le terme de ses jours.

    Comme deux sœurs appariées
    Nous sommes ensemble liées,
Et qui se sert de nous se fait de ce lien
    Un salutaire soutien.

    Nous sommes un fruit fort bizarre
    Qui n'a rien d'exquis ni de rare,
Et qu'on ne sert jamais sur table en un repas.

    Quand nous préservons du trépas,
    Tout nôtre usage & nôtre force
Consistent seulement en nôtre vuide écorce.

CCCVI.

Mon éclat éblouit le plus noble des sens,
    Il faut me presser pour me faire ;

Si celui qui me fait me presse trop longtems,
Je redeviens ma propre mere.

CCCVII.

SI la fertile invention,
Si l'art d'aimer ses ouvrages,
Et la prompte execution
Des Peintres d'aujourd'hui sont les grands avantages,
Je les efface en un moment.

J'ai l'invention tres-féconde,
J'anime mes portraits jusques au mouvement ;
Dans un instant je peins tous les sujets du monde.

J'ai d'autres dons encor que les Peintres n'ont pas,
Je peins sans appareil, comme sans embarras ;
Mieux de nuit que de jour, & sans choix de matiere.

Sans pinceau, sans couleur j'acheve mes tableaux :
Mais j'en suis si jaloux, que même les plus beaux
Par moi ne sont jamais exposés en lumiere.

CCCVIII.

LOrsqu'un homme a perdu ce qu'il avoit de bien,
A me posseder il commence,
Mon possesseur me garde bien
En dépit des voleurs, il danse en leur présence,

Le seul ignorant me connoît.

Le criminel que l'on mene au supplice,
Soutient tres-souvent qu'il m'a fait,
Dans un stérile champ qui n'est de nul service;
Qui me cherche peut me trouver.

Je ne suis cependant arbre, ni fleur, ni plante:
Même je suis toujours contraint de me sauver,
Sitôt que quelque arbre on y plante.
Quelque lieu que j'habite, ou mazure ou palais,
Je n'y parois jamais.

CCCIX.

MA naissance est particuliere,
Je ne suis point fils de l'Amour;
Je suis sans mere, & tiens le jour
Du triste destin de mon pere.

Je jouïs d'un fort grand renom,
Rien n'égala jamais mon lustre;
Et lorsqu'on sçait un homme illustre,
On lui donne aussitôt mon nom.

On me prise sans me connoître,
On me connoît sans m'avoir vû;
Je suis pourtant si peu connu,
Qu'on doute même de mon être.

CCCX.

LEcteur qui veut sçavoir qui m'a donné le jour,
Ce sont plusieurs enfans les peres de leur mere;

Qui voulant lui marquer leur zele & leur amour,
Ont travaillé tous ensemble à me faire.

Comme en moi je renferme un dépost précieux,
Comme en moi l'on découvre une haute science ;
Comme je suis rempli de tout l'esprit des cieux,
Sans doute c'est au Ciel que j'ai pris ma naissance.

Chez cent peuples divers on observe mes loix,
Mes fideles sujets portent tous la couronne ;
Et doivent chaque jour pour le moins une fois
Me rendre avec respect leur devoir en personne.

Ils ont beau tous les jours me parler bas & haut,
Bien qu'en moi l'on remarque une sainte éloquence
Qui triomphe d'un cœur dès le premier assaut,
Je demeure toujours dans un profond silence.

Mais par un art ingénieux
Je sçais si bien jouer mon rolle,
Qu'on me voit converser avec jeunes & vieux,
Sans me servir de la parole.

Si par mon entretien je suis à mes sujets
En même tems utile, à charge, & nécessaire ;
Je cause à quelques-uns mille justes regrets,
Lorsque de mon empire ils veulent se souttraire.

Loin de lever sur eux tous les ans des tributs,
Comme les Souverains sont en droit de le faire ;
Je procure à plusieurs de fort gros revenus,
Et je les flatte tous de l'espoir d'un salaire.

Afin de vous tracer en deux mots mon portrait,
La couleur de mon corps est celle de l'yvoire :
Mais afin de me rendre & visible & parfait,
Mes traits sont nuancés de la rouge & la noire.

CCCXI.

Je serre étroitement les côtes
De la maison du plus charmant des hôtes,
Que l'homme reçoive chez soi ;
Cet hôte qui de sa nature
Trouve la liberté par la moindre ouverture,
Et qui par là seroit en desarroi,
A besoin d'une sure garde :
Mais l'homme que sa perte interesse & regarde,
Et qui d'ailleurs connoît ma bonne foi,
S'en rapporte sans crainte à mes freres & moi.

CCCXII.

Je suis un corps formé par le Ciel & la Terre,
Tous deux à m'élever ont un même penchant :
Mais dans un tems j'éprouve une cruelle guerre,
Et le fer inhumain m'abbat sous son tranchant.

Alors je perds mon sexe, & l'on m'en donne un autre ;
Vile & simple en tous lieux, mon usage est sans prix ;
Insensible au plaisir, je brûle pour le vôtre,
Et je suis cependant l'objet de vos mépris.

Mais malgré vos dedains, sensibles à ma flâme,
A jouïr de mes feux on vous voit empressés ;
Ils sont les confidens des secrets de vôtre ame,
Sans eux ceux des amours souvent seroient glacés.

Utile & méprisable, insensible & brûlante,
Dans toutes les saisons on me voit bienfaisante;
Jugez de la rigueur que j'éprouve en mon sort,
Je m'enflâme pour vous, & ma flame est ma
    mort.

CCCXIII.

J'Ai presque autant de mains qu'en avoit Bria-
    rée,
On me les fais sortir hors du corps chaque nuit;
Chacune de ces mains est d'abord dévorée :
Mais avant qu'on les voye, on a d'un certain
    bruit
D'ossemens craquetans les oreilles choquées,
    Ensuite ces mains sont croquées.

CCCXIV.

IRis cruelle & fiere autant qu'elle est charmante,
Ne dissimule point l'amour qu'elle a pour moi,
Elle se picque fort de conserver sa foi,
    De n'avoir point l'humeur changeante.

    Cependant tout ce grand amour
    Dure pour moi rarement plus d'un jour ;
Son inégalité n'est-elle pas extrême ?
Quoique jamais son feu ne puisse m'enflâmer.

    La bizarre qu'elle est fait gloire de m'aimer,
Elle se fait honneur de me changer de même :
Mais comme rougissant de son esprit leger,
    Elle se cache en me voulant changer.

CCCXV.

IL le faut avouer, mon destin est bien rude;
    Tous ceux que j'aide à s'élever
    Pour la plus basse servitude,
    S'obstinent à me reserver.

De m'opprimer sans cesse ils ont pris l'habitude,
Cependant les plus grands dans leur haute splendeur
Ne me peuvent nier sans quelque ingratitude,
    Que je ne serve à leur grandeur.

    Des injures du tems je préserve une plante
Qui dans tous les climats est assez abondante,
    Et dont l'usage est souverain ;
    Quoique l'odeur n'en soit gueres charmante.

    Elle se fait priser par sa vertu puissante,
      Qui soutient tout le genre humain;
Pour suivre des François les manieres changeantes,
    Sous mille formes differentes,
Il a fallu chez eux fort souvent me ranger.

    Quoique par une loy qui paroît éternelle,
      J'ai une regle naturelle
Qui devroit pour toujours m'empêcher de changer ;
Il faut estre bien fou sans doute, ou bien austere,
Pour croire que sans moi l'on pût couler ses jours.

Pourtant, si Plutarque est sincere,
Des Sages, des Héros ont eu cette chimere;
De refuser mon utile secours,
Cette belle manie est maintenant cessée.

Et tout homme aujourd'hui par la commune loy,
Passeroit pour avoir la cervelle blessée,
S'il vouloit se passer de moi.

CCCXVI.

NOtre nombre est celui des Danaïdes,
Le pere & la mere compris;
Ces filles ne pouvoient remplir leurs tonneaux vuides,
Aussi ne pouvons-nous contenter les esprits.

On nous sepáre en diverses familles,
Chaque maître a sa femme, & n'a qu'un serviteur;
Ces femmes qui ne sont ni belles ni gentilles,
En veulent plus à la bourse qu'au cœur.

Nous marchons tantôt deux, tantôt trois, tantôt quatre,
L'ordre à nôtre retour est rarement gardé;
Quand on nous voit ensemble, on commence à nous battre,
Et par là de plusieurs le sort est décidé.

CCCXVII.

Nous sommes deux jumeaux d'une matiere dure,
Qui faisons l'un sans l'autre une triste figure ;
Dans l'horreur de l'Hiver on ne peut nous quitter,
En Eté rarement on vient nous visiter.

Un élément ingrat travaille à nous détruire,
Il tourmente nos pieds, & par eux il respire ;
En tout tems on nous fait porter les meilleurs mets :
Mais nous sommes discrets, nous n'y touchons jamais.

CCCXVIII.

Je ne parois aux yeux que comme un excrement;
Quoique l'unique enfant du premier élément ;
Cependant la vertu qui me rend fort utile,
Fait que l'on me recueille aux champs, comme à la ville.

L'Hiver je multiplie, ainsi qu'aux bons repas,
Soit que l'on fasse maigre ou gras ;
Si je commence le Carême,
Je ne l'acheve pas de même.

CCCXIX.

CCCXIX.

IL n'est permis qu'à deux rivales
Qui sont parfaitement égales,
De se battre sur moi toujours impunement ;
J'ai coups de bâton fréquemment ;
Incessamment sur moi l'on passe & l'on repasse,
J'ai mes précipices, mes bords :
Mais nonobstant cette disgrace,
Dans toutes les saisons sans estre diapré,
Je suis toujours verd comme un pré.

CCCXX.

Lecteur, pourras-tu bien deviner mon essence?
Je suis, le croiroit-on, & sans ame & sans corps ;
Et c'est moi qui de tout donne l'intelligence,
L'on me fait voir le jour par de subtils ressorts.

J'ai dans tous les Palais la plus noble séance,
Par le secours du bruit je produis mes trésors ;
Mon ennemi mortel est le triste silence,
Et sans force souvent je dompte les plus forts.

Aux humains tous les jours je rends mille services,
Le sexe fait de moi ses plus cheres délices ;
Sans partage je suis en mille endroits divers.

Vers le bien, vers le mal mon panchant est extrême,
Je naquis dès que l'homme habita l'Univers ;
Personne ne dira qui je suis que moi même.

I

CCCXXI.

JE donne un vif éclat au beau teint de Sylvie,
Je suis le doux lien qui joint l'ame & le corps;
  C'est moi qui rends les hommes forts:
Celui que j'abandonne, abandonne la vie.

 Brun, gris, bleu, jaune & vert, thé, caffé,
  blanc & noir;
Tout change dans mon creux en couleur cardinale,
  Quel prodige ! rien ne m'égale;
Je dois pour me garder nuit & jour me mouvoir.

CCCXXII.

LA mere qui m'engendre est transformée en moi,
Je fais changer son nom, sa forme & sa figure;
  Cependant elle garde en soi
Et sa premiere essence, & sa même nature.

Je ne parois qu'un tems pour les gouts du vulgaire,
Les plus riches Seigneurs me retirent chez eux;
Mais dans le même instant où je les rends heureux,
  Mon sort fragile comme verre
  Se dissipe à leurs yeux.

  Lecteur qui te mets en cervelle
  Pour apprendre ce que je suis,
  Sans te dire ce que je puis,
Crain de trouver mon nom dans le cœur de ta belle.

CCCXXIII.

J'Ai certains beaux jours dans l'année
Dont tout le monde fait état,
Et mon illustre destinée
Est d'y paroître avec éclat.

Je suis un tems dans le silence,
Pour ne pas dire dans l'oubli :
Mais quelle est ma magnificence,
Quand ce triste tems est fini !

Avec moi tout se renouvelle,
Tout reprend un air de gayté ;
Et ma voix alors est si belle,
Que chacun en est enchanté.

Il n'est Dévot, Prêtre, ni Moine
Qui ne brûle de m'écouter ;
Et le plus austere Chanoine
Rit alors qu'il m'entend chanter.

CCCXXIV.

J'Ai dans le cabinet des Rois
Part aux plus secretes affaires,
Et j'y couvre bien des mysteres
Qui sont pour leurs sujets d'inviolables loix.

Mon corps n'est rien qu'un composé
D'une infinité de parties,
Qui quoique sans rapport, & toutes desunies,
Reçoivent de la main un mouvement aisé.

Je n'ai jamais rien lû, ni jamais rien écrit,
　　Ainsi je n'ai science ni lumiere :
　　　Cependant le plus bel esprit
Me fait sur son travail repasser la derniere.

CCCXXV.

Tout le monde se sert de moi
　　Excepté les gens de réforme,
On m'lie, on m'étreint pour me mettre en emploi,
Sans trop s'embarasser de ce dont on me forme.

Quelquefois en effet je suis de taffetas,
De laine quelquefois, quelquefois de filasse ;
　　Jadis on me portoit trop bas,
La mode en plus haut lieu regle aujourd'hui ma
　　place.

Les belles avec art cherchent à me cacher,
L'Amant qui par faveur parvient à me toucher,
S'il n'est heureux déja, se croit bien prest de l'être ;
　　Cependant pour mieux me connoître,
　　Remarquez l'éclat de mon sort.

Sçachez qu'un Roi qui porte une triple Couronne
Me cherit à tel point, me distingue si fort,
　　Que j'orne toujours sa personne.

CCCXXVI.

Je suis un corps des plus gonflez,
　　Quoique sec comme un hydropique ;

J'ai le dos & la taille antique,
J'ai deux yeux grands & noirs sur mon ventre
placés.

Sans langue & sans bouche je crie,
Il me faut pour mon entretien
Des tripes de chat, ou de chien:
Cependant de manger je n'eus jamais envie.

Si l'on me flate en me touchant,
Je suis d'une douceur charmante:
Mais si l'ignorant me tourmente,
Pour lors j'obéis en jurant.

Le tems par qui tout perd son prix
Ne me rend que plus précieuse :
Ma vieillesse m'est glorieuse,
Et toujours à cent ans je valus plus qu'à six.

CCCXXVII.

Dans le lieu le plus sombre
J'étale mes beautés,
Sans y souffrir d'autres clartés
Que celles dont mon feu fait voir une belle ombre.

Semblable à ses originaux,
Ce qui sort de mon sein imitant la peinture ;
Hommes, femmes, enfans, élemens, animaux,
Tout y paroît aussi grand que nature.

Plus leger que le vent,
Et de même impalpable ;
En un instant je disparois souvent,
Et mes vives couleurs sont une belle fable.

Avec plaisir le curieux
Voit ce que je produis, & ma beauté l'enchante,
Mais malgré mes vertus que cette Enigme vante;
On ne sçauroit me voir sans détourner les yeux.

CCCXXVIII.

Sans aîles, sans pieds, & sans yeux,
Je vais, je viens, je roule, il semble que je vole,
Et que je vois bien clair allant droit en cent lieux.

Souvent je fais plaisir, quelquefois je défole :
Mes plus grands coups pourtant ne sont qu'en terre
   molle ;
Si l'on peut soutenir mon violent effort,
  Me relâchant pour lors de mon audace,
Sans perte de mes gens je défile & je passe,
Ma plus grande vigueur n'estant que dans l'abord.

 Je suis aveuglement les loix d'une Princesse,
Qui selon qu'il lui plaît m'éleve, ou me rabaisse,
Ainsi l'on me voit grand tour à tour, & petit.

 Dans le premier état rompant souvent mon lit,
  Coucheur de dangereuse espece,
Et plus bruyant ronfleur, plus je suis éveillé.

 La raison qui me creuse en un moment s'éclipse,
  Et je suis un Apocalypse
  Qu'il coûte cher d'avoir fouillé.

CCCXXIX.

D'Etrange & bizarre attitude,
 Je n'ai qu'un ventre & qu'un boyau;
Le plus pur élément dissout ma plénitude,
 Richesse du monde nouveau,
 Délices du siecle où nous sommes,
 Je fais respirer en repos,
L'Artisan, le Soldat, le Docteur, le Héros.
Charmant amusement de la plûpart des hommes,
D'usage en tous les tems, & de guerre & de paix;
D'usage en tous les lieux, sur la Terre & sur
 l'Onde:
Mais tandis que je regne aux Taudis, au Palais,
 Rien ne représenta jamais
Si naturellement les vanitez du monde.

CCCXXX.

JE suis d'une figure ronde,
 Par le cul, la tête, & le corps;
A voix haute on m'annonce au monde,
Et les soirs sans jambes je sors.

 Comme j'affecte d'être rond,
Mon corps ne se remplit que de matiere ronde;
 Quand on me vuide sur un rond,
 Je fais le plaisir d'une ronde.

 Je suis du chagrin le tombeau,
 Je fais rire dans la misere;
 Et lorsque le sort est contraire,
Le malheureux chante le pied dans l'eau.

CCCXXXI.

JE suis jeune, & suis vieux, car le tems est mon pere,
Aujourd'hui je suis doux, le lendemain mauvais;
On me vend & revend, je ne sçais pas, je sçais;
Je ne suis bon à rien, & je suis necessaire.
Mon corps est bien souvent plûtôt mince qu'épais,
  Quoique je sois carré de taille;
Je porte un habit bleu, je meurs quand je renais,
  Et je ne suis & ne serai jamais
   Annoncé que par la canaille.

CCCXXXII.

ON trouve peu d'honnêtes gens,
S'ils ne sont accablés sous le poids de leurs ans,
  A qui je ne rende service;
  Je ne sçais par quelle raison,
  Ils ont cependant l'injustice
De me faire souffrir une étroite prison.

  Quoique mon corps soit foible & mince,
  Je suis utile au plus grand Prince;
  Soir & matin de son Palais
Je nettoye avec art toutes les avenues,
  Que mille choses superflues
  Pourroient faire sentir mauvais.

  Lorsque fait pour un double usage,
Mes deux bouts ont chacun leur different emploi;
  J'ai souvent l'oreille du Roi,
Sans que ses favoris en prennent de l'ombrage.

CCCXXXIII.

TOrtu, vilain, cornu, quand je fors lentement,
Des enfans & des fots je fais l'amufement;
Je ne fuis ni poiffon, chair, ni fruit; mais fur
table
L'on me fert quelquefois comme un mets fouhai-
table.

Dans la belle faifon je porte mon Château,
Dont pendant les frimats j'avois fait mon tom-
beau;
Marchant fans pieds, grimpant fans mains, &
fans échelle,
Je déclare à Pomone une guerre cruelle.

Je défole Bacchus: mais pour mon châtiment
Sous la ruïne enfin de mon propre édifice,
Je me vois accablé malencontreufement,
Par caprice ou hazard, ou vengeance ou juftice.

CCCXXXIV.

D'Une triple prifon je me trouve enfermé,
Dès le premier moment que je reçois la vie;
Il faut pour en fortir que ma mere affervie
Paffe fous le tranchant d'un homme bien armé.

Petit pendant ma vie, ainfi qu'en ma naiffance,
La nature me donne une telle puiffance,
Que je peux produire un géant.

Il l'eft à mon égard, quand il a reçû l'être,

Et quoiqu'il foit mon fils par un retour changeant,
Chaque an dedans ſes bras on croit me reconnoître.

  Je blanchis dès mes premiers jours,
  Et noircis quand j'avance en âge;
Il faut que je le ſois pour me mettre en uſage.

En vain auparavant on cherche mon ſecours,
  M'arrachant des bras de mon pere
Eſtant encor caché dans le ſein de ma mere.

CCCXXXV.

Quoique mon ſecours ſoit vulgaire,
 Il n'en eſt pas moins ſalutaire;
Celui qui me viſite en mon appartement
Eſt fort ſûr d'y trouver quelque ſoulagement:
Et ce que l'on ſçait être un devoir neceſſaire,
Commodément par tout ſans moi ne ſe peut faire.

Chez l'un & l'autre ſexe on me croit ſi diſcret,
  Que je ſuis le dépoſitaire
  De ce qu'ils ont de plus ſecret:
  Auſſi ſçais-je ſi bien me taire,
Qu'on me peut ſurement confier ſon affaire,
  Sans en avoir aucun regret.

Tel qui le plus m'abhorre, & fuit mon voiſi-
  nage,
  Ne peut me refuſer l'hommage
Que l'on doit me rendre; & pourquoi
  Nature qui paroît ſi ſage
  A t-elle impoſé cette loy?
Conſultez Hypocrate, il le ſçait mieux que moi.

CCCXXXVI.

SEcourable au besoin, je conservai jadis
Et ton pere, & celui de tout ce qui respire :
Mais soumis aux rigueurs d'un tyrannique empire,
Souvent je fais périr celui par qui je suis.

J'apporte tour à tour les chagrins, & la joie;
Et si j'ai quelquefois enrichi des pays,
J'ai causé tous les maux de Colchos & de Troie,
De mes yeux meurtriers, quand je veux innocens,
J'annonce la Paix ou la Guerre.

Tres-solide enfant de la Terre,
Quand il plaît à deux insolens,
Je suis brisé comme du verre;
Guidé par la vertu d'un caillou curieux,
Sans ailes & sans pieds je vais de plage en plage;
Faisant servir à mon usage
Le feu, la terre, & l'air, & la mer, & les cieux.

La sçience la plus profonde,
Malgré ses beaux raisonnemens
Tombée en des égaremens,
Sans moi ne sçauroit rien encor de l'autre monde.

CCCXXXVII.

JE suis communément d'une figure ronde,
Chacun se picque aujourd'hui dans le monde
De me parer fort richement,
Bien que l'on me perde aisément.

Je suis commun par tout & dans chaque Province,
Je sers les petits & les grands ;
J'occupe de semblables rangs
Chez l'Artisan & chez le Prince.

Une dure nécessité
Veut qu'on m'attache, & pour surcroit de peine
Une compagne qui me gêne
Augmente ma captivité,
Plus dans l'Hyver que dans l'Esté.

Vous qui ne pouvez me connoître
Par ce récit de mon emploi,
Sçachez que bien souvent pour attaquer mon maître,
D'un air audacieux on met la main sur moi.

CCCXXXVIII.

Quoique je sois enfant du bruit,
J'aime le silence & la nuit ;
Je dormirois toujours, si l'on me laissoit faire :
Mais peu sensible à tout ce qui n'est pas mon pere,
A peine jusqu'à moi sont parvenus ses cris.

Que tout aussitôt je fremis,
Comme lui je me desespere ;
Ou comme lui je chante & ris
De ma complaisance infinie.

Il ne faut point être surpris,
C'est lui qui me donne la vie ;
Qui me fournit ce que je dis,
Qui ranime mon froid génie.

Qui m'apprend les accords d'une douce harmo-
nie,
Et je ne suis enfin qu'autant que j'obéis ;
J'affecte volontiers les lieux qu'on abandonne,
Les forêts, les rochers, & les châteaux deserts,
D'où quand mon pere veut je flotte dans les airs.

 Solitaire & discret je n'attaque personne,
   Quand on m'agasse, je résonne
Sur un ton aussi haut qu'on le prend avec moi ;
Et de fiers Bataillons en ont pâli d'effroi.

Jamais l'œil d'un mortel n'a pu voir ma figure,
   Et je suis de telle nature,
Qu'en vain pour me nommer tu ferois mille efforts,
Si mon nom n'estoit pas plus connu que mon
corps.

CCCXXXIX.

NEz d'un pere commun, peut-estre en même
jour,
Nous sommes trente deux, tous fort beaux, faits
au tour ;
Sous deux chefs differens nous faisons deux Ar-
mées
En habit uniforme, au combat animées.

 Quoiqu'ennemis mortels, il n'est point de
saison,
Où nous ne couchions tous en la même maison ;
Nous y vivons en paix : mais nous n'en sortons
guere,
Que pour nous déclarer une cruelle guerre.

Celui qui nous commande est tantsoit peu poltron,
Aussitôt qu'on l'attaque se met un plastron;
La Princesse au contraire, ainsi qu'une Amazone,
Aux périls les plus grands expose sa personne,
Au fort de la mêlée un courageux Soldat,
Souvent change de sexe & gagne le combat.

CCCXL.

MA figure est pyramidale,
Au corail le plus vif ma couleur est égale;
Quoique petit de corps je me picque d'honneur,
Et de noblesse & de grandeur.

Souvent je ne suis point ce que je veux paroître,
Je suis difficile à connoître;
Et tel parle de moi qui ne me connoît pas.

Je suis par tout si necessaire,
Que sans moi dans le monde & parmi les combats,
Il n'est point d'honnête homme, & de vaillans soldats.

Lorsque je veux parler, mon langage est sincere,
Mais je suis quelquefois sujet au changement;
On m'aime, on me conserve, & ma vie est fort chere.

Je ne puis subsister que par le mouvement,
Le froid m'est tout à fait contraire;
Et je péris au moindre attouchement.

CCCXLI.

UN nombre impair joint quatre fois,
  Vous apprendra combien nous sommes ;
Nous servons de défense & d'ornement aux hommes,
  Ainsi qu'aux habitans des bois.

  Nous souffrons sans murmure
Qu'un double fer taille nôtre figure,
  Quoique nous soyons transparans,
Nous sommes rarement sans de petits points blancs;
Quant à nôtre couleur, c'est le sang qui la donne.

Nous avons tres-souvent un demi cercle noir,
  Qui n'est pas agréable à voir,
  Que difficilement aux galans on pardonne :
    On craint souvent nôtre pouvoir,
Quand on est aimé d'un cruel desespoir.

Et d'on voit des Amans porter sur leurs visages
  Des traits sanglans de nos outrages :
Enfin pour achever de peindre nôtre sort,
  Nous croissons même après la mort.

CCCXLII.

DE mes cruels enfans mere trop charitable,
  Je les fournis abondamment
  De vivres & de vestement,
Par un amour pour eux à nul autre semblable :
Mais ces dénaturés loin de me respecter,

Oublians mes bienfaits avec ingratitude,
    Ne mettent toute leur étude
      Qu'à m'insulter.

Sans songer que c'est moi dont ils ont pris nais-
    sance,
      Ils me foulent aux pieds,
     Violant avec insolence
    Les droits les plus sacrés.

    Ainsi rendant peu de justice
Aux soins que j'ai pris d'eux, même dès le berceau,
Ils creusent dans mon sein un affreux précipice ;
Après avoir été leur mere & leur nourrice,
    Je deviens leur tombeau.

CCCXLIII.

Nous sommes quatre enfans aussi vieux que
    le monde,
Qui dans un vaste lieu d'une figure ronde,
    Bâti sans aucuns fondemens
    Occupons quatre appartemens,
    A quatre differens étages,
Où le pere commun en faisant nos partages
    Nous mit après qu'il nous eut faits,
Pour surprendre l'effet d'une mortelle guerre,
Capable de confondre & le Ciel & la Terre.

    Nous jouissons des douceurs de la paix,
    Quoique souvent prests à nous battre ;
Mille & mille sujets nous renfermons tous quatre,
    Ce n'est que par nos bons accords
    Que subsistent les plus beaux corps.

    Ils sont tous composés du nôtre,

d'Enigmes.

Et si quelqu'un de nous devient plus fort que
l'autre,
Dans la haute, moyenne, ou basse région,
Par de funestes coups que l'on ne peut com-
prendre,
Nos ouvrages détruits & retournés en cendre
Nous reprochent bientôt nôtre desunion.

CCCXLIV.

Nous sommes nombre impair de gaillardes
femelles,
 Propres sœurs & jumelles,
 Qu'à toute heure on peut voir
 Changer du blanc au noir.

Nôtre mere, ou maîtresse, est docte & sans
cervelle;
 Elle est sage & folle souvent,
Nous faisant prendre en l'air un vol hardi sans
aile,
 Et girouetter à tout vent.

 Dans une union mutuelle
 Nous nous marions entre nous,
 Nos compagnes sont nos époux;
Et chacune de nous peut passer pour pucelle.

 Si depuis quatre ou cinq mille ans
L'on nous entend chanter de ruelle en ruelle
 Le doux martyre des Amans;
C'est qu'ils n'ont point cessé de nous être fideles.

CCCXLV.

JE fais quand je travaille un penible exercice,
Je monte & je descends, & voici mon supplice,
 Quand je suis descendu
 Je me trouve pendu.

Je prens cent fois le jour cette triste posture,
 Au commencement je suis nud :
 Mais en revanche plus j'endure,
 Et mieux je me trouve vêtu.

 Je travaille à faire la corde
 A laquelle ensuite on me pend ;
Si j'aide à ce travail, le secours que j'accorde
 Me rend plus gros & plus pesant.

CCCXLVI.

CElui qui créa tout ne me fit pourtant point,
Et l'homme cet ouvrage accompli de tout
 point,
N'égale pas encor mon ancienne naissance.

Je suis avec le pauvre ainsi qu'avec le Roi,
Aveugle je les suis avec grande assurance ;
 Sans qu'ils s'embarassent de moi.

Quoique je sois sans yeux je donne des lumieres
Ausquelles les sçavans ont tres-souvent recours,
 Leur estant necessaires
 Pour bien regler leurs jours.

CCCXLVII.

Es-tu Docteur ? je vais éprouver ton sçavoir,
  En plein midi ton œil ne me peut voir :
Mais tu me vois fort bien, dès que tu ne vois
  goute ;
Hé bien dans ce cahos trouve-tu quelque route ?

CCCXLVIII.

On n'attend pas de moi de fort grandes mer-
  veilles,
Quoique mon âge soit le jouet des humains ;
J'ai pour le moins quatre yeux, & plus de deux
  oreilles,
Et je prens hardiment mes jambes dans mes mains.

CCCXLIX.

Mon corps est fort brillant, mon regard est
  fatal,
J'opprime l'innocence aussi-bien que le crime ;
Un courage étranger me soutient & m'anime,
Je me fais admirer lorsque je fais du mal.

On se mocque de moi si j'ai mon pucelage,
Et quand je l'ai perdu je reçois de l'honneur ;
L'on me met en prison pour me rendre plus sage ;
Et je fais quelquefois moins de mal que de peur.

L'éclat de ma beauté frappe d'abord la vûe,
Je veux qu'un bras hardi me tienne avec roideur :
Pour se servir de moi l'on me met toute nue,
Et lorsque j'en rougis, ce n'est pas de pudeur.

CCCL.

Dans l'élevation que mon être me donne,
Je suis dans l'air, jamais je ne rampe ici-bas ;
Et sans avoir d'esprit, ce qu'on ne croiroit pas,
J'ai pourtant mes degrez & mon rang en Sorbonne.

Mon naturel est dur, j'éclate quand j'ordonne,
Je vas, & je reviens aussitôt sur mes pas ;
Sans me lasser jamais, je rends les autres las :
Qu'on me laisse en repos, je n'étourdis personne.

Toujours la bouche ouverte avec ma voix de
 fer,
Sur de joieux sujets on m'entend triompher ;
Suis-je triste ? j'inspire une douleur profonde.

Quoique je parle assez, je ne dis ouy ni non,
Mon éclat est puissant pour attirer le monde ;
Je porte à ma ceinture & mon âge & mon nom.

CCCLI.

Mon corps n'est composé que de longues arê-
 tes,
Et je n'eus de tout tems que la peau sur les os ;
Je brille en compagnie & sans aucun repos,
Dans le fort de l'Eté je suis de toutes fêtes.

Par un petit effort je cause un doux plaisir,
Et dans plusieurs replis tout mon corps se rassemble :
Mes os par un seul nerf se tiennent tous ensemble,
Et sans les séparer on peut les desunir.

Sans avoir du serpent la prudence en partage,
Comme lui quelquefois je puis changer de peau ;
Et presentant aux yeux un nouvel étalage,
L'on ne me connoit plus, tant je parois nouveau.

CCCLII.

Sans me vanter plus qu'il est nécessaire,
Du beau sexe je suis celle qui sçait mieux plaire ;
   Et l'interieur de mon corps
   Plaît plus encor que le dehors.

Quand l'art ingénieux d'une riche structure
   L'a paré d'une mignature,
   Parmi les gens de qualité,
Comme par tout ailleurs, je fais quelque figure.

Je tiens fort bien mon rang dans la societé ;
Et quoique je ne sois ni sensible ni tendre,
   De mes Amans je contente l'ardeur,
   Pour eux je me laisse répandre,
   Sans être moins en bonne odeur ;
Et quoiqu'à tous venans mon cœur se laisse prendre,
Je ne risque jamais de perdre mon honneur.

CCCLIII.

Je n'ai ni mains, ni pieds, ni tête,
Je ne suis volatile, arbre, poisson, ni fleur;
    Et cependant j'ai de l'odeur,
De l'humeur, de la chair, aussi-bien qu'une bête.

    De l'écorce & de la couleur,
    Je suis du nombre des reptiles,
Et bien souvent j'impose aux yeux des plus habiles;
    On n'a pas lieu de craindre mon venin.

On me voit dans mon tems des premiers au festin;
    Mais après tout, mon malheur est extrême;
    Croiroit-on que celui qui m'aime
    Ne fait point de difficulté
    Pour contenter sa volupté,
De mettre contre moi par un sensible outrage
    Le fer & l'acier en usage ?

CCCLIV.

Je ne dois rien à la nature,
L'art a déterminé ma forme & ma figure;
    Avec moins d'esprit que de corps,
Je fais plaisir au peuple, & rends service aux sages;
    Comme Janus j'ai deux visages,

L'air est mon élément, & je couche dehors;
Quelquefois au village, & toujours à la ville:
    Nuit & jour en toute saison
    Je ne quitte point la maison
    Où j'ai fixé mon domicile.

    Bien que difficile à toucher,
J'ai des amis par tout en Province, à la guerre;
    Et des quatres coins de la terre,
Au seul bruit de mon nom l'on m'est venu chercher.

CCCLV.

ON ne sçauroit nombrer mes freres & mes sœurs,
    Tant il s'en trouve dans le monde;
Je procure aux mortels mille & mille douceurs,
Que je porte sur terre & j'apporte sur l'onde.

    Quoique sensible à la froidure
    Pendant l'Hyver je suis tout nud,
    Et par ma bizarre nature
J'attends pour me vêtir que le chaud soit venu.

Ma livrée est pour l'un un titre respectable,
    Et pour l'autre ignominieux;
    Le cordon en est honorable,
    Le bonnet en est odieux.

Jamais tant que je vis, je ne chante & ne danse;
    Mais le caprice de mon sort
    Veut que quelquefois en cadence
    Je chante & danse après ma mort.

CCCLVI.

JE contiens celui qui porte
Celle qui contient celui,
Dont la structure peu forte
Porte pourtant dès aujourd'hui
Celle qui contient celui
Qui portera plus loin qu'aucun mousquet ne
porte.

CCCLVII.

JE tire de loin ma naissance,
Il n'est usage ici plus commun que le mien;
Je porte toujours mon lien,
Et chacun connoît ma puissance.

Je sers au Temple du Seigneur,
A la pompe des funerailles;
Au triomphe d'un Roi vainqueur
Qui vient de gagner des batailles.

Ma matiere est d'assez grand prix,
Bien que pour moi l'on n'ait point de mépris,
Un seul jour de l'année on suspend mon usage,
Les suivans on me fait travailler davantage.

J'habite un lieu fort élevé,
L'Hyver & l'Esté je suis nue:
Et sans avoir jamais péché,
Mon sort veut que je sois pendue.

CCCLVIII.

CCCLVIII.

C'Eſt par moi que finit & le calme & l'orage,
C'eſt par moi que finit un cruel eſclavage ;
Peſez ici les mots, ne vous y trompez pas,
  C'eſt ſur moi que dans un repas
  On s'enyvre en diſant merveilles.
L'ardente ſoif me prend en vuidant les bouteil-
 les,
  Nul ne me voit, chacun m'attend ;
Les chiens prennent le lievre, & le lievre me
 prend.

  Dans le plaiſir je ſuis afreuſe,
  Et charmante dans la douleur ;
  Dans le malheur très-pareſſeuſe,
  Diligente dans le bonheur :
Enfin pour les mortels trop prompte, ou trop
 tardive,
  Avec la mort toujours j'arrive.

CCCLIX.

CHez moi pour mes voiſins je fais bouillir le
 pot,
  A ce métier je me ruine ;
Quelqu'un d'eux cependant m'avance ſon écot
  En travaillant pour la cuiſine.
  Entre eux eſt certaine voiſine,
Chut, trop parler lui nuit : avec cette coquine
  L'on me confond aſſez ſouvent.
  Je l'entretiens dès ſa jeuneſſe,

De son sexe elle a la foiblesse ;
Et quand elle fait mal, c'est à moi qu'on s'en prend.

CCCLX.

Effet de la simple nature,
Et quelquefois fils du hazard ;
Né souvent dans le sein de l'art,
Mon pouvoir & mon prix sont tous deux sans me-
sure.

Par moi l'œil est séduit, l'esprit est enchanté ;
Par moi plus d'un défaut est un défaut aimable :
Et plus bizarre qu'équitable,
Je donne à la laideur le pas sur la beauté.

Je suis également à la brune, à la blonde,
Je suis majestueux, délicat, simple, adroit,
Je suis du goût de tout le monde :
Mais ne m'a pas qui le voudroit.

Il n'est point sans moi d'art de plaire,
Des esprits & des cœurs je forme les liens ;
Les Graces n'ont point d'autre pere,
Et l'Amour n'eut jamais d'autres traits que les
miens.

Des passions ressort habile
Je fais craindre, esperer, je fais aimer, haïr ;
De la fortune vrai mobile,
Je puis combler vos vœux, & je puis les trahir.

Pour me définir mieux, qu'ajouterois-je encore ?
Mon nom ne m'explique pas bien,
Mon être est ce que l'on ignore ;
Si l'on me connoissoit, je ne serois plus rien.

CCCLXI.

Ou pesant, ou leger dans mon individu,
Art, ou nature me fabrique;
Pesant, cuit au four, ou fondu,
Je sers au Bourgeois magnifique:
Leger, coupé, sec, & battu,
Je sers à mulet & bourrique:
Pesant, rangé, bien suspendu,
Je sers aux faiseurs de musique:
Leger, taillé, noirci, fendu,
Je sers ès finance & pratique.

CCCLXII.

Logés auprès du toit d'une haute maison,
Nous craignons le grand vent, le soleil, la fumée;
Par nous on vit jadis mainte guerre allumée,
Nous faisons des captifs sans sortir de prison.

Nous sçavons distiler le plus subtil poison,
Instrumens de terreur, de courroux, de foiblesse,
Nous employons pour vaincre & la force & l'adresse,
Et certaine liqueur qui trouble la raison.

Nous sçavons ménager menaces & caresses,
Bien servir, ou trahir nos maîtres & maîtresses;
Plus d'un homme en courroux nous appella menteurs.

K ij

Nous mentions moins, helas! au vieux tems
  de nos peres,
La nature nous fit ingenus & sincéres,
Et ce n'est que part art qu'on nous rend impos-
  teurs.

CCCLXIII.

L'Autre jour un berger charmant
  Auprès d'un bois me vit couchée,
Il s'approcha de moi, bientôt j'en fus touchée;
  Expliquez ce mot sagement.

Car ici ma vertu ne fut point surmontée,
Au contraire elle fut d'autant plus augmentée,
  Qu'il me pressa plus fortement ;
  Comment s'y prit ce tendre Amant?

Il avoit une voix forte, douce, & flexible,
D'abord sans m'ébranler il chanta son amour ;
Mais enfin il fit tant que j'y parus sensible,
Il m'entendit chanter tendrement à mon tour.

Déja d'accord tous deux, ô cruelle avanture!
Je ne sçai quel démon contraire à son desir,
Rompit des nœuds, helas! après cette rupture,
  Adieu tendresse, adieu plaisir.

CCCLXIV.

Je te prens par le nez incorrigible yvrogne,
  Et par mainte tentation
  Je suis prochaine occasion
  D'un péché qui rougit ta trogne,

Tu ne me connois bien qu'en jouïssant de moi,
    Je suis une Enigme pour toi ;
Pour le lecteur aussi je crains qu'il ne devine
    Que je suis la liqueur divine.

Je suis comme le vin souvent pernicieux,
    Pour être trop délicieux ;
Dans un Palais de verre ainsi que lui j'habite,
Par ma couleur vermeille ainsi que lui j'invite.

    Mais n'estant pas une liqueur,
Et n'ayant pas en moi cette vive chaleur
Qui ranime souvent les ardeurs d'un cœur tendre,
Je ne suis pas le vin, l'on ne peut s'y méprendre.

CCCLXV.

Ma froideur est sans borne avec mes ennemis,
    J'ai de l'ardeur pour mes amis ;
    C'est pour eux seuls que je respire,
    Je les entretiens sans rien dire.

Je soulage leurs maux, je calme leurs ennuis,
Je m'étonne qu'estant aussi peu que je suis ;
    J'occupe tant de bonnes têtes,
    Tel qui fit de grandes conquêtes
Dans l'esprit qui m'anime a puisé son conseil.

Tel s'endort avec moi la cervelle troublée,
    Qu'on trouve sage à son reveil ;
    Et tel dans certaine assemblée
Sur table me voyant doublée & quadruplée,
Pour me mieux deviner me touchant de la main,
    Reve à moi jusqu'au lendemain.

CCCLXVI.

Je suis né prisonnier, petit & méprisable,
Souvent de mes prisons l'on me délivre à table ;
J'engendre des enfans prisonniers comme moi,
 Et je porte le nom d'un Roi.
J'enferme dans mon sein l'image de mon pere,
Je ne suis point le Dieu de l'Isle de Cythere ;
 J'habite pourtant dans les cœurs :
 Ici mortels versez des pleurs,
Un de mes logemens a tué vôtre mere,
 Et vous causa bien des malheurs.

CCCLXVII.

Lorsque par de justes liens
On sçait unir à moi celui qui me ressemble ;
 Nous ne faisons plus qu'un ensemble,
Je vois tout par ses yeux, il voit tout par les miens :
Si je lui fais tenir quelque discours frivole,
En revanche je sçais lui couper la parole.

CCCLXVIII.

Lorsque je fais mon exercice,
Je rends l'homme muet, j'en fais un Jacquemart ;
Dès qu'il est au carcan je le mets au supplice,
 Pour peu que je fasse un écart.

d'Enigmes.

Malheur à l'avare vieillard
Qui lui même se martirise,
Et qui sur lui me donne prise,
Pour frustrer de ses droits mon adroit Gouverneur.

A d'autres vieux je fais honneur,
En cachant un peu de leur âge ;
J'ai quelquefois servi la rage,
Et par des coups adroits j'ai servi la pitié.

Je prends par fois aussi les hommes par le pié,
Leur faisant faire la grimace,
Tant mieux pour qui je cours toujours legerement ;
Car dans la route que je trace,
Nul ne m'arrête impunément.

CCCLXIX.

J'Habite une solide & vivante maison,
Lorsqu'on m'a tiré de prison ;
Gens qu'on appelle oisifs me mettent à la chaine,
Le fer qui m'a percé le flanc
Ne me sçauroit tirer du sang,
Quoique le sang sous moi coule en plus d'une veine.
Mon œil brulant & mon teint vif
M'attireroient l'amour d'un corsaire, d'un Juif.

Lorsque de deux beaux yeux tu vois couler des larmes,
Amant souvien-toi de mes charmes :
Mais s'en souvienne qui voudra,
Quelque mauvais Poëte au moins s'en souviendra.

CCCLXX.

D'Une mere fort belle eſtant la laide fille,
 Sans ourler, coudre, ni broder,
 Je ſçais rendre utile une aiguille
A ceux qui fixement viennent me regarder.
Gens reglés prennent ſoin d'obſerver ma conduite,
Rendez-vous amoureux vient pourtant à la ſuite
 D'aucuns regards que l'on jette ſur moi
Mon aſpect fort ſouvent a cauſé de l'effroi,
Je deſſigne à merveille, & je ne ſçaurois peindre :
 Mais ſans teinture je ſçais teindre.

CCCLXXI.

L'Oiſiveté de ma maîtreſſe
Conſerve ma coeffure & repoſe mon corps ;
 Quand on m'a mis la jambe en preſſe,
 Ma tête eſt tournée en dehors :
 C'eſt alors que j'ai bonne grace,
Et qu'on fait à mes pieds des tours de paſſe paſſe.

 Telle reveuſe au minois ſoucieux
  En détournant de moi les yeux,
Quoique toujours pour moi ſa main ſoit occupée,
Et que ſon plaiſir ſoit de me voir bien hupée,
Regarde fixement mon petit compagnon
 Qu'à mes dépens elle remplume ;
  J'en gagnerois le rhume,
 Quand il m'arrache mon tignon,

Si mon temperament étoit plus flegmatique :
  Mais du serein je m'inquiete peu ;
  Mon corps que la mort fit étique,
  Ne craint que le fer & le feu.

CCCLXXII.

JE suis d'abord un premier Element,
  Puis engendré d'un second Element ;
En naissant je crains fort un troisiéme Element ;
Je crains ensuite aussi ce second Element,
Qui métamorphosa mon premier Element :
  Mais un quatriéme Element
Peut me défendre un peu du second Element.
Une Enigme toujours rimant en Element,
De la rime n'a pas le premier Element :
Mais l'obscurité fait le premier Element
Des Enigmes ; ainsi malgré tant d'Elemens
Les devineurs ici sont dans leur Element.

CCCLXXIII.

DAns une espece de cercueil,
Mais qui n'est pourtant point desagreable à l'œil,
  Je suis le plus souvent couchée :
Mais ordinairement quand j'en suis détachée,
  Mes bras croisés en s'étendant,
  Et tôt après en se joignant,
  A l'obscurité font la guerre ;
  Je pince, je mords, & je serre :
Et quoique ce ne soit presque qu'en badinant,
Ma morsure en noirceur se tourne incontinent.

FIN.

TABLE

Des Enigmes contenues dans ce Recueil.

I. Le Tems, Page 1
II. La Mine, 2
III. Le Bled, ibid.
IV. La Perle, 3
V. L'Aiguille, 4
VI. La Montre, ibid.
VII. Le Papier, 5
VIII. L'Hameçon, ibid.
IX. Le Torrent, 6
X. La Vigne & l'Orme, 7
XI. La Chandelle, ibid.
XII. l'Abeille, 8
XIII. Le Sepulcre, ibid.
XIV. l'Oeuf, 9
XV. Les Pastilles, 10
XVI. l'Arc-en-ciel, ibid.
XVII. l'Hameçon, 11
XVIII. Le Songe, ibid.
XIX. La Langue, 12
XX. La Bouteille & le Vin, 13
XXI. l'Ecriture, ibid.
XXII. l'Ecran, 14
XXIII. Le Ver à soye, 15

DES ENIGMES.

XXIV.	La Riviere,	ibid.
XXV.	Le Verluisant,	16
XXVI.	Les Chenets,	ibid.
XXVII.	La Chandelle,	17
XXVIII.	Les Pastilles,	ibid.
XXIX.	La Chaux,	18
XXX.	Le Fard,	19
XXXI.	Les Yeux,	ibid.
XXXII.	Les Yeux,	20
XXXIII.	Le Discours,	21
XXXIV.	Les Larmes,	ibid.
XXXV.	Les Soupirs,	22
XXXVI.	Le Ciron,	ibid.
XXXVII.	Le Navire,	23
XXXVIII.	Le Corail,	24
XXXIX.	Le Rocher,	ibid.
XL.	l'Araignée & sa toile,	25
XLI.	Le Songe,	ibid.
XLII.	Le Lys,	26
XLIII.	La Nuée,	27
XLIV.	l'Ombre,	ibid.
XLV.	l'Orgue,	28
XLVI.	Le Jour & la Nuit,	ibid.
XLVII.	Le Miroir,	29
XLVIII.	La Lune,	30
XLIX.	Le Vent,	ibid.
L.	Le Vent,	31
LI.	La Beauté,	32
LII.	Le Bouquet,	ibid.
LIII.	l'Oignon,	33

K vj

TABLE

LIV. La Cigale,	34
LV. Le Moucheron,	ibid.
LVI. Les Soupirs,	35
LVII. l'Ombre,	36
LVIII. Le Lacet,	ibid.
LIX. Les Yeux,	ibid.
LX. l'Ecriture,	37
LXI. l'Ambre & la Paille,	ibid.
LXII. La Mâle,	ibid.
LXIII. Les Pastilles,	38
LXIV. Le Lacet,	ibid.
LXV. l'Arc-en-ciel,	ibid.
LXVI. l'Or,	39
LXVII. Le Collier de perles,	ibid.
LXVIII. La Rose,	40
LXIX. l'Echo,	ibid.
LXX. Le Navire,	41
LXXI. Les Cheveux,	ibid.
LXXII. Le Cadran solaire,	42
LXXIII. Le Verre,	ibid.
LXXIV. Le Feu,	ibid.
LXXV. Le Raisin,	43
LXXVI. Le Paon,	ibid.
LXXVII. Le Fer, l'Epée,	44
LXXVIII. Le Marteau,	45
LXXIX. Le Louis d'or,	ibid.
LXXX. Le Feu,	46
LXXXI. Le Papier,	47
LXXXII. La Prunelle de l'œil,	ibid.
LXXXIII. Le Chanvre,	49

DES ENIGMES.

LXXXIV.	Le Papillon,	ibid.
LXXXV.	l'Enigme,	50
LXXXVI.	Les Cheveux,	51
LXXXVII.	La Parole,	ibid.
LXXXVIII.	Le Caroſſe,	52
LXXXIX.	l'Enigme,	53
XC.	Le Maſque,	54
XCI.	Le Miroir,	55
XCII.	Le Pet,	ibid.
XCIII.	Le Portrait,	56
XCIV.	Le Balai,	57
XCV.	Le Baiſer,	ibid.
XCVI.	l'Epingle,	58
XCVII.	Le Silence,	59
XCVIII.	Le Nez,	ibid.
XCIX.	Les Eperons,	60
C.	l'Ongle,	61
CI.	Le Chapeau,	ibid.
CII.	Le Peigne,	62
CIII.	l'Eſprit,	63
CIV.	La Fontaine,	64
CV.	Les Larmes,	65
CVI.	La Mort,	66
CVII.	Les Vents,	ibid.
CVIII.	Le Moulin à vent,	67
CIX.	La Mêche d'une chandelle,	68
CX.	Le Pâté,	ibid.
CXI.	La Chevelure,	69
CXII.	l'Oreille,	ibid.
CXIII.	La Langue,	70

TABL

CXIV. Le Cœur, ibid.
CXV. l'Ombre & le jour, 71
CXVI. Le Grain de bled, 72
CXVII. Le Carosse, ibid.
CXVIII. La Beauté, 73
CXIX. Le Cœur, ibid.
CXX. La Herse, ibid.
CXXI. Les Mouchetes, 74
CXXII. La Chemise, ibid.
CXXIII. La Toise, ibid.
CXXIV. la Puce, 75
CXXV. Le Vin, 76
CXXVI. La Neige, ibid.
CXXVII. La Cheminée, ibid.
CXXVIII. La Plume, 77
CXXIX. La Beauté, ibid.
CXXX. l'Encens, 78
CXXXI. La Chemise. ibid.
CXXXII. Les Cartes, 79
CXXXIII. Le Raisin, 80
CXXXIV. Une étincelle de feu, ibid.
CXXXV. La Mort, 81
CXXXVI. Le Pet, ibid.
CXXXVII. Le Miroir, 82
CXXXVIII. Le Portrait d'une belle fille, 83
CXXXIX. Les Tetons, 84
CXL. Les Balles de paume, 85
CXLI. Le Sel, 86
CXLII. La Fiévre, ibid.

DES ENIGMES.

CXLIII. La Bouteille que les enfans font avec du savon, 87
CXLIV. l'Echo, 88
CXLV. l'An, les mois, les jours, les heures, 89
CXLVI. Le Songe, *ibid.*
CXLVII. Le Coq, *ibid.*
CXLVIII. Le Ressort d'une montre, 90
CXLIX. Le Peigne de corne, *ibid.*
CL. Les Lettres de l'Alphabet, *ibid.*
CLI. Le Coq, 91
CLII. Un instrument de musique dont le bois est la matiere, *ibid.*
CLIII. La Clef, 92
CLIV Le Pouls, *ibid.*
CLV. l'Horloge de sable, 93
CLVI. Le Livre, *ibid.*
CLVII. La Ville de Paris, 94
CLVIII. La Poesie, 95
CLIX. Une Balle de paume, *ibid.*
CLX. Les Lettres moulées, *ibid.*
CLXI. La mouche d'une Dame, 97
CLXII. Le Ver à soye, *ibid.*
CLXIII. La Riviere, *ibid.*
CLXIV. La Perle, *ibid.*
CLXV. La Chandelle, 98
CLXVI. Les Cheveux, 99
CLXVII. l'Ombre, 100
CLXVIII. La Scie, *ibid.*
CLXIX. Le Zero, *ibid.*

TABLE

CLXX. La Montre, ibid.
CLXXI. La Nuée, 101
CLXXII. Le Verre, ibid.
CLXXIII. l'Eclair, 102
CLXXIV. La Gorge, ou le sein, ibid.
CLXXV. Les Cartes, ibid.
CLXXVI. l'Or, 103
CLXXVII. Le Lit, 104
CLXXVIII. l'Ombre, 105
CLXXIX. La Ville de Paris, ibid.
CLXXX. La Grenade, 106
CLXXXI. La Cloche, ibid.
CLXXXII. Le Jour, 107
CLXXXIII. La Perle, ibid.
CLXXXIV. Les Syllabes de ce quatrain, 108
CLXXXV. La Puce, ibid.
CLXXXVI. La Trompette, 109
CLXXXVII. La Poulie & les sceaux, ibid.
CLXXXVIII. Les Gands, 110
CLXXXIX. Le Quatrain, 111
CLXC. l'Almanach, ibid.
CLXCI. Le Pucelage, ibid.
CLXCII. Le Volant, 112
CLXCIII. Le Ver à soye, ibid.
CLXCIV. La Chauvesouris, 113
CLXCV. Le Soleil, ibid.
CLXCVI. Le Procès, 114
CLXCVII. l'Epée, 115
CLXCVIII. l'Enigme, 116

DES ENIGMES.

CLXCIX. La Cloche,	ibid.
CC. Le Soulier & la Pantoufle,	117
CCI. *le Miserere*,	118
CCII. La lettre N,	119
CCIII. La Mode,	ibid.
CCIV. Le Clavessin,	120
CCV. l'Esprit,	ibid.
CCVI. La Plume,	121
CCVII. La Fusée,	122
CCVIII. La Carte Geographique,	ibid.
CCIX. La Calote,	123
CCX. Le Zero,	ibid.
CCXI. Le Vin,	124
CCXII. La Porte de pierre & la porte de bois,	125
CCXIII. l'Or,	ibid.
CCIV. Le Nez,	126
CCXV. Les Cartes,	127
CCXVI. Le Ver à soye,	128
CCXVII. l'Ecriture,	ibid.
CCXVIII. Le Tems,	129
CCXIX. Le Diamant,	ibid.
CCXX. l'Académie Françoise mere des Academies. d'Arles & de Soissons,	130
CCXXI. Les Yeux,	131
CCXXII. Un Pain de sucre,	ibid.
CCXXIII. Le Rasoir,	132
CCXXIV. La bouteille que les enfans font avec du savon,	133
CCXXV. Le Balon,	ibid.

TABLE

CCXXVI. Les Marons, 134
CCXXVII. l'Enigme, 135
CCXXVIII. Le Fuseau, ibid.
CCXXIX. La Chimere, 136
CCXXX. Le Chapon, 137
CCXXXI. La Table, ibid.
CCXXXII. l'Oeuf, 138
CCXXXIII. La Fausse Monnoie, ibid.
CCXXXIV. La Suye de cheminée, 139
CCXXXV. Les Lettres des mots, trois, quinze, trente-sept & tout, ibid.
CCXXXVI. La Barbe, ibid.
CCXXXVII. Le Portrait, 140
CCXXXVIII. Le Confessional, ibid.
CCXXXIX. La Chemise, 141
CCXL. Le Bâton de Maréchal de France, ibid.
CCXLI. l'Argent, 142
CCXLII. Le Tournebroche, ibid.
CCXLIII. Le Cœur, 143
CCXLIV. Le Sang, ibid.
CCXLV. l'Horloge, 144
CCXLVI. La Vigne-vierge, 145
CCXLVII. Les Paroles d'un discours, 146
CCXLVIII. l'Imprimerie, ibid.
CCXLIX. La Lanterne, 147
CCL. La Perruque, 148
CCLI. La Quenouille, 149
CCLII. l'Ecrevisse, ibid.
CCLIII. l'Homme à cheval, 150
CCLIV. Le flux & le reflux, ibid.

DES ENIGMES.

CCLV. Le papier,	151
CCLVI. La rame de papier,	152
CCLVII. Un épy de bled,	ibid.
CCLVIII. l'Ombre,	153
CCLIX. l'Asne,	154
CCLX. La Pie,	155
CCLXI. Le Verre,	ibid.
CCLXII. l'Eau de vie,	156
CCLXIII. La Pillule,	157
CCLXIV. Les Eperons,	ibid.
CCLXV. Un Sixain,	158
CCLXVI. La femme,	ibid.
CCLXVII. Le bonnet,	ibid.
CCLXVIII. La rappe,	159
CCLXIX. l'Horloge,	160
CCLXX. La plante du pied,	ibid.
CCLXXI. *Stercus*,	161
CCLXXII. Le bouchon de bouteille,	162
CCLXXIII. La lettre R,	ibid.
CCLXXIV. Le mot du Guet,	ibid.
CCLXXV. Les moucherons,	164
CCLXXVI Le Toton,	165
CCLXXVII. La clef,	166
CCLXVIII. Un feu consistant en chenets, tenailles, pêle & pincette,	ibid.
CCLXXIX. Le four,	167
CCLXXX. Les manchetes,	168
CCLXXXI. Le cannevas,	169
CCLXXXII. La mouchette,	170
CCLXXXIII. La selle à cheval,	ibid.
CCLXXXIV. La santé,	171

TABLE

CCLXXXV. l'Esperance, ibid.
CCLXXXVI. La chandelle, 173
CCLXXXVII. Les vers, ibid.
CCLXXXVIII. Les soupirs 174
CCLXXXIX. Le mulet, ibid.
CCLXC. La biere, 175
CCLXCI. Le sabot, 176
CCLXCII. Le Fourreau d'épée, ibid.
CCLXCIII. La petite verole, 177
CCLXCIV. Le Jeu de paume, 178
CCLXCV. Le coq du clocher, ibid.
CCLXCVI. Le Puits, 179
CCLXCVII. La Bombe, 180
CCLXCVIII. Le Jeu de cartes, ibid.
CCLXCIX. l'Anagramme, 181
CCC. Le Meûnier, ibid.
CCCI. Le lavement, 182
CCCII. Un cousin, ibid.
CCCIII. Le Jeu de quilles, 183
CCCIV. l'œil de verre, ibid.
CCCV. Les calebasses, 184
CCCVI. La pelote de neige, ibid.
CCCVII. Le songe, 185
CCCVIII. Rien, ibid.
CCCIX. Le phenix, 186
CCCX. Le Bréviaire, ibid.
CCCXI. Le cerceau, 188
CCCXII. La buche, ibid.
CCCXIII. Le corbillon d'oublies, 189
CCCXIV. La chemise, ibid.
CCCXV. Le Soulier, 190

DES ENIGMES.

CCCXVI. Les Cartes, 191
CCCXVII. Les Chenets, 192
CCCXVIII. La Cendre, ibid.
CCCXIX. Le Billard, 193
CCCXX. La Parole, ibid.
CCCXXI. Le Sang, 194
CCCXXII. La Glace, ibid.
CCCXXIII. l'Alleluia, 195
CCCXXIV. La Poussiere à mettre sur l'Ecriture, ibid.
CCCXXV. La Jarretiere, 196
CCCXXVI. La Basse de viole, ibid.
CCCXXVII. La lanterne magique, 197
CCCXXVIII. Le flux & le reflux, 198
CCCXXIX. La Pipe, 199
CCCXXX. Le Corbillon d'oublies, ibid.
CCCXXXI. l'Almanach, 200
CCCXXXII. Le curedent, ibid.
CCCXXXIII. Le limaçon, 201
CCCXXXIV. Le pepin, ibid.
CCCXXXV. La chaise de commodité, 202
CCCXXXVI. Le Vaisseau, 203
CCCXXXVII. Le bouton, ibid.
CCCXXXVIII. l'Echo, 204
CCCXXXIX. Les Eschets, 205
CCCXL. Le cœur, 206
CCCXLI. Les ongles, 207
CCCXLII. La Terre, ibid.
CCCXLIII. Les quatres Elemens, 208
CCCXLIV. Les notes de Musique. 209

TABLE

CCCXLV. Le fuseau, 210
CCCXLVI. l'Ombre, ibid.
CCCXLVII. Les Tenebres, 211
CCCXLVIII. Le Vieillard qui se sert de lunetes, d'un cornet pour entendre, & d'un bâton pour marcher, ibid.
CCCXLIX. l'Epée, ibid.
CCCL. La cloche, 212
CCCLI. l'Eventail, ibid.
CCCLII. La Tabatiere, 213
CCCLIII. Le Melon, 214
CCCLIV. l'Enseigne, ibid.
CCCLV. l'Arbre, 215
CCCLVI. Le soulier d'une femme grosse porte le pied de la femme qui porte l'enfant, lequel porte une tête où est l'œil. 216
CCCLVII. La cloche, ibid.
CCCLVIII. La fin, 217
CCCLIX. l'Estomach, ibid.
CCCLX. Le Je ne sçay quoi, 218
CCCLXI. Le Tuyau, 219
CCCLXII. Les Yeux, ibid.
CCCLXIII. La chanterelle, 220
CCCLXIV. Le Melon, ibid.
CCCLXV. La Pipe, 221
CCCLXVI. Le Pepin, 222
CCCLXVII. Le Masque, ibid.
CCCLXVIII. Le Rasoir, ibid.
CCCLXIX. La Perle, 223
CCCLXX. l'Ombre, 224

DES ENIGMES.

CCCLXXI. La Quenouille,   *ibid.*
CCCLXXII. Le Verre,   225
CCCLXXIII. La Mouchette,   *ibid.*

Fin de la Table des Enigmes.

APPROBATION.

J'AY leu par ordre de Monseigneur le Chancelier un manuscrit qui a pour titre *Recueil des Enigmes les plus curieuses de ce tems*, avec une Epitre en Vers à Madame la Duchesse de Berry, & un Avertissement ; les lectures ou les études serieuses ne sont pas faites pour tout le monde ; il en faut de legeres & d'enjouées, ou pour amuser l'esprit ou pour le delasser ; l'on doit sçavoir gré à l'Autheur de ce Nouveau Recueil, où la plûpart des Enigmes qu'il contient ne laissent pas d'avoir leur sel & leur agrément. Fait ce vingt-deux Juillet 1715.

MOREAU DE MAUTOUR.

PRIVILEGE DU ROY.

LOUIS par la grace de Dieu Roy de France, & de Navarre, à nos amez & féaux & Conseillers les Gens tenans nos Cours de Parlement, Maîtres des Requêtes ordinaires de notre Hôtel, Grand Conseil, Prévôt de Paris, Baillifs, Sénéchaux, leurs Lieutenans Civils & autres nos Justiciers qu'il appartiendra SALUT : Notre bien amé NICOLAS LE GRAS Libraire à Paris, Nous ayant fait exposer qu'il souhaiteroit faire imprimer un Livre intitulé, *Recueil des Enigmes les plus curieuses de ce tems*, & donner au Public, s'il nous plaisoit lui accorder nos Lettres de Privilege pour la Ville de Paris seulement. Nous avons permis & permettons par ces Présentes audit le Gras de faire imprimer ledit Livre en telle forme, marge, caractere & autant de fois que bon lui semblera, & de le vendre, faire vendre & débiter par tout notre Royaume, pendant le temps de cinq années consecutives, à compter du jour de la date desdites

Présentes. Faisons défenses à toutes sortes de personnes de quelque qualité & condition qu'elles soient, d'en introduire d'impression étrangere dans aucun lieu de notre obéissance; & à tous Imprimeurs Libraires, & autres dans la dite Ville de Paris seulement, d'imprimer ou faire imprimer ledit Livre, & d'y en faire venir, vendre & débiter d'autre impression que de celle qui aura esté faite pour ledit Exposant, sous peine de confiscation des exemplaires contrefaits, de mille livres d'amende contre chacun des contrevenans, dont un tiers à Nous, un tiers à l'Hôtel Dieu de Paris, l'autre tiers à l'Exposant; & de tous dépens, dommages, & interests: A la charge que ces Présentes seront enregistrées tout au long sur le Registre de la Communauté des Imprimeurs & Libraires de Paris, & ce dans trois mois de la date d'icelles ; Que l'impression dudit Livre sera faite dans notre Royaume & non ailleurs, en bon papier & en beaux caracteres, conformément aux Reglemens de la Librairie ; & qu'avant que de l'exposer en vente il en sera mis deux Exemplaires dans notre Bibliotheque publique, un dans celle de notre Château du Louvre, & un dans celle de notre tres-cher & féal Chevalier Chancelier de France le Sieur Voysin, Commandeur de nos Ordres ; le tout à peine de nullité des Présentes: Du contenu desquelles Vous mandons & enjoignons de faire jouir l'Exposant ou ses Ayans cause, pleinement & paisiblement, sans souffrir qu'il leur soit fait aucun trouble ou empêchement : Voulons qu'à la Copie desdites Présentes qui sera imprimée au commencement ou à la fin dudit Livre, soit tenue pour deuement signifiée, & qu'aux Copies collationnées par l'un de nos amez & feaux Conseillers & Secretaires foi soit ajoûtée comme à l'Original. Commandons au premier notre Huissier ou Sergent de faire pour l'execution d'icelles tous Actes, requis & nécessaires, sans demander autre permission, nonobstant Clameur de Haro, Chartre Normande, & Lettres à ce contraires : Car tel est notre plaisir. DONNÉ à Versailles, le septiéme jour du mois d'Aout, l'an de grace mil sept cens quinze, & de notre Regne le soixante-treiziéme. Par le Roy en son Conseil,

FOUQUET.

Registré sur le Registre, numero 3. de la Communauté des Libraires & Imprimeurs de Paris, page 576. numero 1182. conformément aux Reglemens, & notamment à l'Arrest du Conseil, du 13. Aoust 1703. A Paris le 9. Aoust 1715.

ROBUSTEL, Syndic.

www.ingramcontent.com/pod-product-compliance
Lightning Source LLC
Chambersburg PA
CBHW050335170426
43200CB00009BA/1597